엔터주 머니전략

엔터주

좋아하면 투자해!

미디어 · 연예 · 콘텐츠주 완벽 분석

머니전략

이현지 지음

미래의창

기억을 되짚어보자. 어색한 자리에서 대화의 단골 소재는 단연코 날씨다. 날씨 얘기를 하면서 다음 주제를 열심히 떠올릴 텐데, 주로 어떤 내용을 얘기했었는지 생각해보면 대부분 드라마나 연예인 얘기였을 것이다. 방탄소년단 멤버가 몇 명인지는 몰라도 누군지는 알고, 넷플릭스를 구독하진 않아도 〈오징어 게임〉이 대흥행했다는 사실은 누구나 안다. 언어가 다르고 세대가 달라도 같은 문화를 공유하면서 하나로 통합될 수 있다. 문화의 힘이란 바로 그런 것이다.

　그렇다면 그중에서도 왜 굳이 엔터 산업에 주목해야 할까? 한국인들의 콘텐츠 소비 특성을 보면 답을 얻을 수 있다. 한국은 자국 콘텐츠 소비가 높은 나라인데 음원 스트리밍 차트나 극장 박스오피스, 넷플릭스 시청 순위만 보더라도 대부분 한국 콘텐츠가 상위권에 자리 잡고 있다. 한국 시장은 결코 만만한 곳이 아니다. 고퀄리티 콘텐츠에 익숙해진 시청자들의 눈높이는 높고, 화제성과 흥행성이 없으면 가차 없이 도태된다. 이렇게 까다로운 한국 시장에서 성공한 작품이라면 글로벌 시장에서도 당연히 흥행할 수밖에 없다는 공식이 생기면서 세계 곳곳에서 러브콜이 쏟아지고 있다. 산업이 이제 성장기에 진입했기에 앞으로 성장 잠재력이 무궁무진하며, 그렇기 때문에 지금이 엔터 산업에 주목하기 최적의 시기다.

그런데 막상 투자라고 하니 어딘가 모르게 막연하고 부담스러운 느낌이 든다. 투자라는 단어가 주는 중압감이 크기 때문인데, 어렵게 생각할 것 없다. 그냥 내가 좋아하는 분야부터 시작하면 된다. 드라마를 보다가 너무 재밌으면 드라마 제작사를 덕질하고, 아티스트가 너무 좋으면 엔터 기획사를 덕질해보는 것이다. 덕질을 하다 보면 기존에는 눈에 띄지 않던 이벤트들이 하나둘 보이게 되고, 그 대상을 더 잘 알기 위해 주변 환경까지도 같이 찾아보게 된다. 어떤 분야를 열성적으로 좋아하며 파고드는 덕질의 기본은 관계성 파악인데 투자도 마찬가지다. 내가 덕질하는 회사가 더 잘되기 위해서는 매크로 환경, 내부 환경까지도 같이 공부할 수밖에 없다. 그냥 평소에 좋아하는 분야에 조금 더 관심을 가지는 것부터가 투자의 시작인 셈이다.

이 책은 드라마 제작사부터 엔터 기획사, 메타버스까지 엔터 산업 전반에 대해 알기 쉽게 다루고 있다. 관심은 있는데 엔터 산업에 어떻게 투자해야 할지 헤매고 있는 투자자, 일회성 테마가 아닌 엔터 산업의 역사와 앞으로의 성장 방향성에 대해 알고 싶은 예비 투자자, 좋아하고 즐기는 것에 투자하고 싶은 독자 모두에게 이 책이 초콜릿처럼 꺼내 먹는 투자의 나침반이 되길 바라본다.

차례

2부 ✦ 즐기면서 돈도 번다, 엔터 산업 투자 실전 가이드

1부

글로벌 머니를 집어삼킨
엔터 산업 시대의 개막

'K'만 붙었다 하면 전 세계가 열광하는 지금, 이제 엔터 산업에서 집중할 시장은 미국이다. 불과 1~2년 전만 해도 상상하지 못했던 미국 제작사 인수, 미국 스타디움 입성, 미국 현지화 아이돌 제작이 가시화되며 제작사와 엔터 기획사가 월드 클래스로 한 걸음 나아가고 있다.

넷플릭스가 한국 시장에 진출한 지 7년, 그동안 국내 제작사들은 어떻게 성장했으며 어떤 변화의 시기를 맞고 있는지 알아보자. 그리고 엔터 기획사들은 어떻게 팬덤을 수익화하며 눈부신 성장을 이뤄냈는지 살펴보고, 현실을 넘어 가상에서 활동하고 있는 버추얼 휴먼의 현주소도 짚어보자.

1장

K드라마,
글로벌을 장악하다

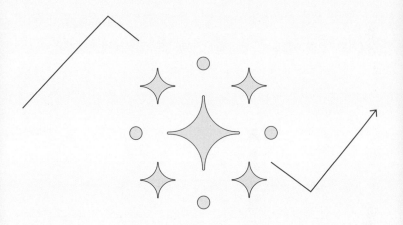

넷플릭스의 큰 그림에 주목하라

2022년 1분기, 넷플릭스는 충격적인 결과를 발표했다. 유료 가입자 수가 2011년 이후 11년 만에 처음으로 감소한 것이다. 북미 지역은 가격 인상 여파로, 러시아는 우크라이나 침공에 따른 서비스 중단 등 저마다의 이유로 대부분 지역에서 유료 가입자가 감소했다. 이는 투자 심리 위축으로 이어져 하루 만에 주가가 35% 폭락하고 순식간에 한화 67조 원 상당의 시가총액이 증발하는 결과를 가져왔다. 유료 가입자 감소는 1분기에 이어 2분기까지 지속됐다. 실적도 전년 대비 감익했지만, 아이러니하게도 주가는 8% 상승했다. 시장에서 예상했던 것보다 실제 가입자 감소 폭이 적었고, 3분기에는 유료 가입자가 다시 증가할 것이라는 긍정적인 가이던스guidance(전망치)가 제시됐기 때문이다. 그리고 3분기, 한국을 시작으로 전 세계를 뒤흔들었던 〈이상한 변호사 우영우〉를 포함해 다양한 대작들이 공개되며 유료 가입자가 대폭 증가해 시장 예상치를 크게 상회했다. 이로 인해 3분기에만 주가는 14% 상승했고, 4분기 역시 콘텐츠 경쟁력에 힘입어 유료 가입자가 가이던스를 크게 웃돌며 주가는 7% 상승했다.

넷플릭스의 실적 발표와 주가의 흐름을 살필 때는 두 가지 눈여겨볼 점이 있다. 유료 가입자 감소 추세가 이어지는 상황에서도 유일하게 순증을 보인 지역이 바로 아시아 태평양 지역이라는 점과 OTTOver The Top 플랫폼의 주가는 유료 가입자 증감에 따라 크게 반응한다는 점이다. 이 두 가지를 알고 나면 '왜 글로벌 OTT들이 콘텐츠 예산을 줄인다 하더라도 한국 시장을 포기할 수 없는지'와 '왜 갑자기 저가형 광고 요금제를 출시하려고 하는지'에 대한 이유를 알 수 있다.

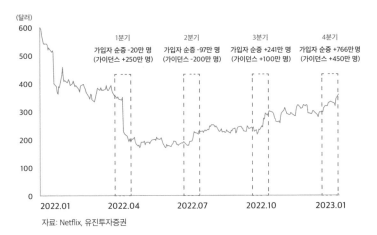

넷플릭스 실적 발표(가입자 추이)에 따른 주가 변화

자료: Netflix, 유진투자증권

넷플릭스 가입자 추이

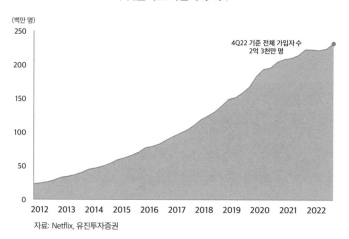

(백만 명)

4Q22 기준 전체 가입자 수
2억 3천만 명

자료: Netflix, 유진투자증권

넷플릭스 북미와 글로벌 가입자 수 비교

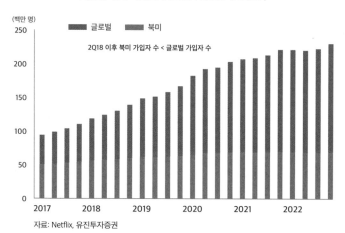

(백만 명)

글로벌 북미

2Q18 이후 북미 가입자 수 < 글로벌 가입자 수

자료: Netflix, 유진투자증권

반드시 잡아야 하는 기회의 시장, 아시아

넷플릭스의 국가별 점유율을 살펴보면 2018년 2분기부터 북미보다 글로벌 지역에서의 유료 가입자 비중이 늘어나기 시작했는데, 2018년 47%에 달했던 북미 비중은 2022년 32%까지 하락했다. 반면 아시아 태평양 지역은 2018년 8%에서 2022년 17%로 빠르게 성장했다. 북미의 성장세 둔화와 아시아 지역의 가파른 상승은 어쩌면 예견된 결과일 수도 있다.

독일의 글로벌 시장조사 기관 스태티스타Statista에 따르면, 미국 내 OTT 침투율Penetration rate(서비스가 구독자에게 최소 1회 도달한 비율)은 2022년 85.6%에서 2026년 93.3%까지 상승하고 동남아시아는 2022년 37.0%에서 2026년 48.2%까지 상승할 것으로 전망된다. 북미는 글로벌 최대 미디어 시장이기는 하지만 이미 시장이 성숙기에 도달했기 때문에 추가로 성장할 여력이 크지 않지만, 아시아 지역은 여전히 성장 여력도 높고 침투할 수 있는 영역도 많기 때문에 다양한 글로벌 OTT가 모이는 각축장이 될 수밖에 없다.

이런 글로벌 OTT들의 아시아 사랑은 앞으로 더 치열해질 것으로 보이는데, 특히 동남아시아 지역은 시장을 선점한 OTT 플랫폼이 없는 상황에서 로컬 OTT 간의 경쟁이 매우 활발하다. 즉, 뚜렷한 마켓 리더가 없는 아시아 시장은 넷플릭스에게 지속 가능한 수익원을 창출할 수 있는 지역이자 반드시 잡아야만 하는 기회의 시장인 것이다.

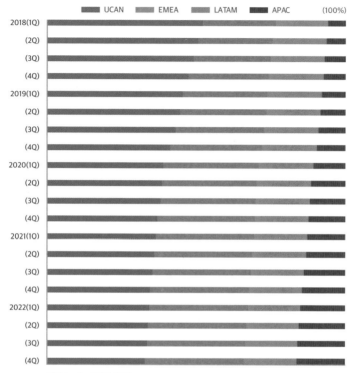

넷플릭스 지역별* 가입자 비중 추이

UCAN   EMEA   LATAM   APAC   (100%)

자료: Netflix, 유진투자증권

---

* 넷플릭스는 글로벌 시장을 UCAN(북미, 캐나다), EMEA(유럽, 중동, 아프리카), LATAM(남미), APAC(아시아)와 같이 4개 권역으로 나눈다.

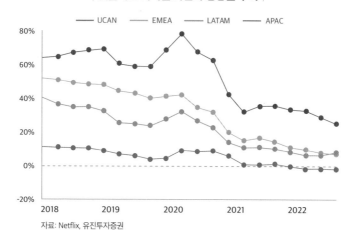

| 넷플릭스 지역별 가입자 성장률 추이 |

— UCAN — EMEA — LATAM — APAC

자료: Netflix, 유진투자증권

　　그러기 위해서는 전략상 변화가 필요했다. 넷플릭스는 이미
〈기묘한 이야기Stranger Things〉, 〈더 크라운The Crown〉 등 회당 100억 원 이
상이 투입된 흥행 대작들로 글로벌 확장을 이어가고 있었는데, 정
작 동남아시아에서 인기가 많은 콘텐츠는 다름 아닌 한국 콘텐츠였
다. 그래서 넷플릭스는 본격적으로 한국 콘텐츠를 수급하기 시작하
며 아시아 지역에서 영향력을 조금씩 넓혀갔다.

　　실제로 넷플릭스가 진출한 동남아시아 지역에서 2021년 한 해 동
안 가장 인기가 많았던 TV 시리즈는 대부분 한국 드라마였으며, 2022
년 역시 시청 순위 상위권의 대부분을 한국 드라마가 차지할 정도로
그 인기가 상당하다. 불확실한 대외 환경이 지속되고 글로벌 OTT들이
콘텐츠 예산을 삭감한다고 하더라도 한국 시장 투자만큼은 줄일 수
없는 이유가 여기에 있다. 한국 뒤에는 동남아시아가 있기 때문이다.

2022년 동남아시아 국가별 넷플릭스 TV 시리즈 TOP10

순위	인도네시아	베트남	대만
1	환혼	환혼	이상한 변호사 우영우
2	사내맞선	사내맞선	렛츠 오픈
3	이상한 변호사 우영우	이상한 변호사 우영우	환혼
4	스물다섯 스물하나	우리들의 블루스	우리들의 블루스
5	작은 아씨들	스물다섯 스물하나	스물다섯 스물하나
6	우리들의 블루스	그 해 우리는	사내맞선
7	슈룹	슈룹	창란결
8	내일	기묘한 이야기	차시천하
9	신사와 아가씨	나의 해방일지	성한찬란
10	기상청 사람들	차시천하	화등초상

순위	홍콩	태국	말레이시아
1	스파이 패밀리	환혼	환혼
2	이상한 변호사 우영우	이상한 변호사 우영우	사내맞선
3	환혼	사내맞선	이상한 변호사 우영우
4	사내맞선	기상청 사람들	내일
5	우리들의 블루스	Bad Romeo	스물다섯 스물하나
6	기묘한 이야기	스물다섯 스물하나	작은 아씨들
7	차시천하	슈룹	슈룹
8	스물다섯 스물하나	The Kinnaree Conspiracy	메카마토
9	작은 아씨들	기묘한 이야기	모범택시
10	창란결	지금 우리 학교는	매니페스트

● 음영 표시는 한국 제작 작품.

자료: flixpatrol.com

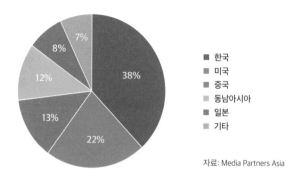

| 동남아시아에서 소비하는 OTT 콘텐츠의 제작 국가 현황(3Q22 기준) |

- 한국 38%
- 미국 22%
- 중국 13%
- 동남아시아 12%
- 일본 8%
- 기타 7%

자료: Media Partners Asia

저가형 광고 요금제는 피할 수 없는 선택

한국 콘텐츠를 많이 채웠는데도 동남아시아에서의 점유율이 기대했던 만큼 눈에 띄게 늘어나지 않자 넷플릭스는 다시 고민에 빠졌다. 콘텐츠 외의 다른 전략이 필요했다. 찾아낸 답은 바로 가격이었다.

미국 시장은 전체 가구의 과반수가 2개 이상의 OTT를 구독한다. 이런 형태가 자연스러운 이유는 가격이 저렴하기 때문이다. 10만 원을 훌쩍 넘는 케이블 TV보다는 아무리 비싸도 월 이용 요금이 2만 원 내외인 OTT를 여러 개 구독하는 것이 훨씬 가성비가 좋다. 심지어 넷플릭스는 가격도 저렴한데 볼거리도 다양하니 기존의 유료 방송을 해지하고 OTT 등의 새로운 플랫폼으로 이동하는 '코드커팅Cord-Cutting' 현상을 심화시키며 빠르게 미국 내 점유율을 확대해 나갈 수 있었다. 반면, 동남아시아에서 넷플릭스는 로컬 OTT에 비해서 상대적으로 가격이 비쌌기 때문에 구독자 확보가 어려웠다.

동남아시아의 로컬 OTT 중 하나인 뷰Viu의 리포트에 따르면, 2022년 상반기 기준 신규 가입자 순증은 디즈니플러스에 이어 넷플릭스가 2위, 뷰가 3위를 차지했지만, 한 달 동안 해당 플랫폼을 이용한 순 사용자 수를 나타내는 지표인 월간 활성 이용자 수MAU는 뷰가 6,070만 명을 기록하며 2년 연속 1위를 차지했다. 특히 뷰는 광고가 없는 구독형 요금제와 가격이 저렴한 대신 광고를 시청해야 하는 광고형 요금제를 같이 제공하면서 가격 부담을 줄이고 진입 장벽을 낮췄다.

뷰의 핵심 시장 중 하나인 인도네시아에서의 구독 요금을 비교해보면, 가장 저렴한 요금제를 기준으로 넷플릭스 한 달 구독 요금은 약 1만 2,000원 정도지만 뷰는 그의 4분의 1 수준인 3,300원 정도로 가격 차이가 확연하다. 쉽게 예상할 수 있듯이 실제로 OTT 구독 취소에 가장 큰 영향을 미치는 요인은 가격이다. 전 세계 사용자의 절반 이상이 가격에 민감한 모습을 보였고 특히나 아시아 국가일수록

• 홍콩의 통신 기업 PCCW에서 서비스 중인 OTT 스트리밍 플랫폼 뷰. 말레이시아, 태국, 이집트 등 동남아시아와 중동 16개국에서 서비스를 제공하며 한국에서는 이용할 수 없다.

자료: Viu

가격 민감도가 높아지는 특성이 있다. 〈옷소매 붉은 끝동〉, 〈어게인 마이 라이프〉, 〈재벌집 막내아들〉 등 뷰가 공격적으로 한국 콘텐츠를 수급하면서 합리적인 가격대의 요금제를 선보이니 당연히 넷플릭스도 저가형 광고 요금제를 출시할 수밖에 없는 유인이 생긴 것이다.

동남아시아 OTT 플랫폼 가격 현황(인도네시아 기준)

구분	Viu		WeTV		Vidio	
	광고 요금제	구독 요금제	광고 요금제	구독 요금제	광고 요금제	구독 요금제
다운로드	횟수 제한	무제한	지원	지원	미지원	미지원
콘텐츠 접근성	일부 콘텐츠 제한	무제한 열람 가능	일부 콘텐츠 제한	무제한 열람 가능	일부 콘텐츠 제한	무제한 열람 가능
화질	최대 480p	최대 1080p	최대 720p	최대 1080p	최대 1080p	최대 1080p
광고	있음	없음	있음	없음	있음	없음
가격(월)	무료	49,000Rp	무료	39,000Rp	무료	39,000Rp

구분	넷플릭스			디즈니플러스핫스타		
	광고 요금제	모바일 요금제 (인도네시아)	구독 요금제 (인도네시아)	광고 요금제	구독 요금제	구독 요금제 (인도네시아)
다운로드	불가	무제한	무제한	미정	무제한	무제한
콘텐츠 접근성	일부 콘텐츠 제한	무제한 열람 가능	무제한 열람 가능	미정	무제한 열람 가능	무제한 열람 가능
화질	최대 480p	최대 480p	최대 1080p	미정	최대 4K	최대 4K
광고	있음	없음	없음	있음	없음	없음
가격(월)	$6.99	54,000Rp	120,000Rp	$7.99	$10.99	39,000Rp

- 넷플릭스와 디즈니플러스핫스타의 경우 동남아시아 지역 광고 요금제 미지원.
- Rp=루피아(인도네시아 화폐 단위. 2023년 2월 기준 1만 루피아는 한화로 약 840원).

자료: 각 사

글로벌 머니가 모이는 K-콘텐츠

2016년, 넷플릭스가 한국에서 공식으로 서비스를 시작했다. 동남 아시아라는 거대한 잠재 시장을 선점하기 위해 진출한 목적도 있지만, 사실 한국 시장 자체의 성장성을 보고 진출한 부분도 있다.

당시만 하더라도 한국에서는 콘텐츠를 감상할 때 건당 구매하는 TVODTransactional VOD 방식이 주류였고, 넷플릭스처럼 정액제로 구독해서 콘텐츠를 감상하는 SVODSubscription VOD 방식은 생소했다. 넷플릭스는 자본력을 앞세워 한국 방송사에서는 채택되지 않은 기발하고 신선한 주제의 콘텐츠들을 제작하기 시작했고, 한국에 진출한지 1년 만에 유료 가입자를 끌어모으는 작품을 탄생시켰는데, 바로 2017년 공개된 봉준호 감독의 영화 〈옥자〉다.

이후 넷플릭스는 한국 시장에서 콘텐츠 투자를 확대하며 다양한 로컬 작품들을 수급하기 시작했고 한국 시장 투자 3년 만에 흑자 전환에 성공했다. 당시만 하더라도 국내 OTT 시장은 넷플릭스가 독점하던 시기라 특정 콘텐츠에 성공의 무게를 싣기는 어려우나, 이 시기를 기점으로 한국 콘텐츠 수급이 활발해진 것은 사실이다. 넷플릭스가 수급하던 드라마의 절반 이상이 스튜디오드래곤과 콘텐트리중앙에서 제작한 작품이었기 때문에 2019년 말에는 두 제작사와 3년간 장기 공급 계약을 체결해 아예 양질의 콘텐츠를 안정적으로 수급받을 수 있는 장치를 마련했다. 2022년 말 넷플릭스는 스튜디오드래곤과의 장기 공급 계약을 다시 체결했으며, 제작사에 좋은 조건으로 협의한 것으로 파악된다.

| 수익 모델에 따른 VOD 방식 구분 |

유형	SVOD (Subscription VOD)	AVOD (Advertising VOD)	TVOD (Transactional VOD)
수익 모델	구독료	광고 시청	편당 결제
대표 서비스	넷플릭스	유튜브	IPTV

가성비 끝판왕, K드라마

넷플릭스는 2016년 한국 시장 진출 이후로 콘텐츠 투자 금액을 꾸준히 늘려왔는데, 2022년까지 누적 투자 금액이 거의 1조 원을 상회하는 것으로 알려져 있다. 2022년 들어 넷플릭스의 유료 가입자 성장이 둔화되고 경기 위축으로 제작비를 줄일 것이라는 부정적인 뉴스가 많이 나왔지만, 2023년 넷플릭스의 콘텐츠 투자는 전년과 유사한 170억 달러(약 21조 원) 수준에서 집행될 것으로 예상하며 한국 시장 투자는 계속 늘어나고 있다. 2023년에는 역대 최대인 34편의 한국 오리지널 콘텐츠를 공개할 예정이다. 투자 금액은 아직 알려진 바가 없지만 최대 1조 원까지도 기대해볼 만하다. 이는 스튜디오드래곤과 콘텐트리중앙의 2023년 연간 제작비를 합한 것보다 훨씬 큰 규모지만, 넷플릭스 전체 투자 금액에서 한국 시장이 차지하는 비중은 5%도 채 되지 않는다. 회당 제작비가 100억 원 이상 넘어가는 미국 드라마에 비해 한국 드라마는 이제서야 회당 30억 원대에 들어서고 있기에 넷플릭스의 입장에서는 비용 부담도 적다.

심지어 한국 드라마는 가성비도 좋다. 넷플릭스에 따르면 2022년 TV 시리즈 부문 비영어권 최고 인기 작품 1, 2위가 모두 한국 드라마였다. 1위를 차지한 〈지금 우리 학교는〉은 공개 이후 첫 한 달 동안의 누적 시청 시간이 무려 5억 6,100만 시간으로 넷플릭스 역사상 가장 큰 규모의 작품인 〈브리저튼Bridgerton〉 시즌 2의 첫 한 달간 누적 시청 시간이 6억 2,700만 시간이라는 점에서 상당히 고무적인 성과를 기록했다고 할 수 있다. 2위를 차지한 〈이상한 변호사 우영우〉는 하반기에 공개됐을 뿐 아니라 넷플릭스 오리지널 작품이 아님에도 불구하고 한국을 넘어 전 세계에서 큰 사랑을 받으며 대흥행을 기록한 작품이 됐다.

이렇게 한국 드라마가 승승장구하게 된 배경은 무엇일까? 기존에는 주로 아시아에서만 소비되던 한국 드라마가 〈오징어 게임〉의 흥행 이후 미국, 유럽 등 서구권으로 소비 지역이 확장되며 시청

층의 저변이 확대됐기 때문으로 분석된다. 데이터가 말해주듯이 한국 드라마는 공개만 됐다 하면 무조건 동남아시아 1위를 기록할 정도로 이미 K드라마 자체가 하나의 흥행 장르로 자리 잡은 상황이다. 여기에 미국 드라마보다 제작비가 5배 이상 저렴하지만, 투자비를 훨씬 뛰어넘는 수익을 창출하고 있으니 이 얼마나 매력적인가. 이렇게 한국 시장이 글로벌 OTT 판의 전략적 요충지가 되면서 넷플릭스 외에 다른 OTT들도 눈독을 들일 수밖에 없게 됐고, 그 결과 2021년 말에는 디즈니, 애플 등의 사업자가 한국에 공식 진출하며 글로벌 OTT 간의 치열한 경쟁이 본격화됐다.

　디즈니는 2023년부터 한국 드라마를 본격적으로 수급하며 로컬 콘텐츠를 확대할 예정이며, 파라마운트플러스는 티빙을 통해 한국 시장에 간접 진출해 사업을 확장하고 있다. HBO맥스와 아마존 프라임비디오 역시 한국 시장 진출 및 로컬 콘텐츠 수급을 준비하고 있는 것으로 파악된다.

OTT의 성장 동력은 결국 콘텐츠 파워

전방 환경은 좋아 보인다. 문제는 이렇게 많은 글로벌 OTT가 한국에 진출한다 한들, 과연 이들이 그만큼 한국 드라마를 수급할지에 대한 고민이다. 여기에 답변하기 위해서는 이미 한국에 진출해있는 OTT의 선례를 찾아보는 것이 도움이 된다. 넷플릭스는 국가별로 주간 TOP 10 콘텐츠 순위를 발표하는데, 한국 넷플릭스의 경우 대

● 한국 넷플릭스의 2023년 1월 셋째 주 TV 시리즈 인기 순위. 국내 작품들이 상위권을 모두 차지했다.

자료: Netflix

부분의 인기 콘텐츠가 자국의 로컬 콘텐츠다. 즉, 다른 국가의 오리지널 콘텐츠를 보기 위함도 있지만, TV를 보지 않는 최근 시청자들이 넷플릭스에서 서비스되는 한국 콘텐츠를 보기 위해서 넷플릭스를 꾸준히 구독하고 있음을 알 수 있다.

최근 디즈니플러스의 구독자 성장이 둔화되고 있는 점도 결국은 볼 만한 콘텐츠가 없기 때문인데 이는 로컬 콘텐츠, 즉 내국인이 즐길 거리가 있어야 구독을 유지할 유인이 생긴다는 뜻이다. 그래서 디즈니플러스도 2023년에는 한국 드라마 수급을 더 적극적으로 하고 있고 오리지널 작품에만 국한된 것이 아닌 다양한 독점 방영 작품도 확보하며 콘텐츠 경쟁력을 높이고 있다.

애플TV플러스도 마찬가지다. 2021년 11월, 한국 첫 오리지널 작품인 〈닥터 브레인〉을 야심차게 들고나왔지만 그 외에는 딱히 볼 만한 작품이 없어 서비스 인지도가 높지 않았는데, 2022년 초 화제성 높은 두 번째 오리지널인 〈파친코〉를 통해 유료 가입자를 확대하는 데 성공했다. 〈파친코〉의 두 번째 시즌이 예정돼 있기는 하나 애플TV플러스를 비롯한 OTT 플랫폼들이 지속적으로 성장하기 위해서는 더 많은 한국 드라마가 필요하다. 파라마운트플러스도 티빙과 협력하는 우회 전략을 택하긴 했으나 안정적인 정착을 위해서는 당연히 한국 콘텐츠 수급에 관심을 가질 수밖에 없다.

작품 수급만 적극적인 것이 아니다. 넷플릭스는 유료 구독자 확보를 위해 저가형 광고 요금제를 출시하고 프로필 이전 기능 및 공유 계정 유료화를 도입하는 등 새로운 수익 모델을 개발해 지속 가능한 성장을 추구하고 있다. 저가형 광고 요금제는 2022년 11월부터 미국과 한국을 포함한 12개국에서 서비스를 시작해 2023년 초에는 더 많은 국가에 도입할 예정이다. 광고형 베이식 요금제는 일반 베이식 요금제 대비 가격이 30% 저렴한 대신, 콘텐츠 중간에 광고를 시청해야 한다.

넷플릭스 내부적으로는 광고 요금제의 성과에 대해 긍정적으로 평가하고 있다. 2022년 4분기 실적에서도 알 수 있듯이 넷플릭스의 광고 요금제 출시로 인해 기존 요금제를 사용하던 구독자가 이탈하거나 다른 OTT로 이동하지는 않을 것이다. 그보다는 비용적인 부담으로 구독하지 않았던 새로운 고객층을 끌어오면서 유료 구독자 증가 속도에 탄력이 붙을 것으로 예상한다. 특히 동남아시아 같이 가격 민감도가 큰 지역은 광고 요금제를 사용할 유인이 더 높을 것으로 보인다.

　당연히 지속 가능한 구독자 유치를 위해서는 그만큼 콘텐츠가 더 많이 필요할 것이고 가성비 좋은 한국 콘텐츠의 수요는 더 높아질 수밖에 없다. 단언컨대 적어도 향후 몇 년간 한국은 글로벌 머니가 모이는 노다지 땅이 될 것이다. 그 땅에서 웃는 사람들은 결국 시청자와 제작사가 아닐까?

제작사와 플랫폼의
줄다리기는 계속된다

수요와 공급의 법칙을 생각해보자. 수요가 공급보다 더 많은 초과 수요가 발생하면 수요자들 사이의 경쟁으로 가격이 상승한다. 지금 한국 드라마가 그렇고, 국내 제작사가 그렇다. 그렇다면 국내 제작사들은 어떻게 지금의 위치까지 오게 됐을까?

드라마 산업에서 가장 중요한 것은 '판권'이다. 판권 확보가 중요한 이유는 작품을 원하는 곳에 판매할 수 있는 권리를 갖게 되기 때문이다. 그렇기 때문에 드라마 1편을 만드는 데 필요한 제작비를 어느 주체가 얼마나 부담하느냐에 따라 가져갈 수 있는 판권의 정도가 달라진다. 지금까지 제작사와 OTT(플랫폼)의 힘겨루기는 제작비 부담 주체가 어디에서 어디로 옮겨갔는지의 논리에 따라 움직여 왔다.

OTT가 없던 시절, 대략 1990년까지는 대부분의 드라마 제작이 방송사에 의해 이뤄졌다. 방송사 외에는 주도적인 주체가 형성될 수 없었고 당연히 드라마에 대한 모든 권리도 방송사에 귀속됐다. 2000년대에 들어 외주제작 제도가 도입되면서 제작사의 역할이 부각되기 시작했는데, 여전히 제작비 대부분을 방송사에서 부담했기 때문에 제작사의 수익 창출은 매우 제한적이었다. 그러다 드라마 제작 규모가 점차 확대되면서 방송사는 높아진 제작 비용을 감당하기 어려워졌고, 제작사는 제작비 일부를 부담하며 방송사와 판권 수익의 일부를 공유하는 구조를 형성했다. 이 과정에서 제작사들이 판권 확보의 중요성을 깨닫게 되는데, 이때 결정적인 역할을 한 작품이 바로 2002년 방영된 KBS 드라마 〈겨울연가〉다.

원조 한류 〈겨울연가〉가 보여준 IP 파워

제작비로 총 30억 원이 투입된 〈겨울연가〉는 국내에서 76억 원, 해외 판매로 290억 원을 벌어들이며 방송사와 제작사에 막대한 수익을 가져다준 작품이다. 특히 일본에서 드라마가 크게 성공한 후 해당 저작권이 DVD, 소설, 기념품, 공연, 애니메이션 등의 다양한 형태로 재창출되며 부가 수익이 지속적으로 발생했다. 즉, 드라마 자체의 저작권IP이 여러 미디어 형태로 확장된 '원 소스 멀티 유스One Source Multi-Use, OSMU'를 이뤄내며 수익을 창출한 것이다. 그 이후부터 제작사들은 드라마 제작 시 방송사로부터 편성 매출을 확정 지음과 동시에 해외에 판권을 판매하기 시작했다. 판권을 활용해 해외에서 막대한 이익을 얻을 수 있음을 알게 됐기 때문이다.

한편, 〈겨울연가〉의 사례를 통해 큰 깨달음을 얻은 제작사는 〈겨울연가〉의 주인공을 주연으로 내세운, 총 430억 원을 투입한 대규모 작품을 준비했지만 결과는 실패였다. 부가 판권 확보로 해외 판매는 가능했지만, 제작사의 글로벌 영향력이 부족해 이를 제대로 활용하지 못했던 것이다.

K팝K-POP을 중심으로 유행하던 한류는 2010년 중국에서 OTT 플랫폼이 등장하면서 한국 드라마에 대한 관심으로 번졌다. 1990년대 말 〈사랑이 뭐길래〉, 〈별은 내 가슴에〉부터 2000년대 초반 〈가을동화〉, 〈풀하우스〉, 〈대장금〉 등 한국 드라마의 중국 수출은 이전부터 꾸준히 이뤄졌기 때문에 놀라운 일은 아니었지만, 여기서는 중국 OTT 사업자의 등장으로 국내 드라마 제작사가 협상력을 갖기 시작했다는 점이 중요하다. 2013년 중국 OTT 유쿠YOUKU에 판매된 〈상속자들〉을 시작으로 아이치이iQIYI에 판매된 〈별에서 온 그대〉가 연이어 대성공을 거두며 중국 OTT 플랫폼 간 한국 드라마 판권 확보 경쟁이 치열해졌다.

당시 중국은 저작권 관리가 잘 되고 있지 않았기 때문에 원하는 콘텐츠를 언제든지 불법으로 다운받아 감상할 수 있었다. 그렇기에 어느 방송사도 높은 가격을 주고 한국 콘텐츠를 구매할 유인이 없었다. 하지만 거대 IT 기업 산하에 있던 온라인 동영상 플랫폼 기반의 중국 OTT들은 한국 드라마 판권을 확보해 중국 시장 내 독점 방영을 시작했고, 고화질 영상을 제공하면서 점차 시장을 점유

• 드라마 판권의 해외 판매를 통해 방송사와 제작사에 커다란 수익을 가져다준 작품들. 2010년대 이후에는 글로벌 시장에 각종 OTT가 등장하며 드라마 판매처가 더욱 다양해졌고, 격상된 K드라마의 위상과 함께 경쟁력을 갖춘 드라마 제작사들은 자체적인 협상력을 갖게 됐다.

자료: 팬엔터테인먼트, MBC, HB엔터테인먼트

해갔다. 중국 OTT 사업자 간 신규 가입자 유치를 위한 경쟁이 한국 드라마의 판매 가격을 상승시키는 요인으로 작용했고, 그 결과 국내 제작사들은 더 이상 방송사에서 보전해주는 일정 수준의 편성 매출에만 안주하지 않았다. 부가 판권을 활용한 글로벌 시장 판매로 눈을 돌리게 된 것이다. OTT 플랫폼이 등장하며 드라마를 판매할 곳이 다양해졌고, 한국 드라마의 글로벌 위상이 올라가며 이제는 방송사를 통하지 않고도 제작사가 직접 플랫폼 사업자들과 협상을 할 수 있는 수준까지 성장했다.

2000년대 초반 일본에서 시작된 드라마 한류가 한국 드라마의 인지도를 높일 수 있었던 수출 물량 확대의 시기였다면, 2010년대에 시작된 중국에서의 인기는 한국 드라마의 판권 가격을 높여 제작사가 협상력을 가지게 되는 계기를 마련해준 셈이다.

드라마 1편이 190개국으로 송출되는 세상

한국 드라마의 글로벌 위상이 높아진 가운데, 2016년 넷플릭스가 한국에 진출하며 국내 드라마 제작사의 콘텐츠 공급처가 확대됐다. 넷플릭스는 신규 가입자 확보 및 유지를 위해 꾸준히 매력적인 콘텐츠를 유입할 필요가 있었고, 제작사는 넷플릭스라는 플랫폼을 통해 간접적으로 글로벌 시장에 작품을 유통하며 레퍼런스를 확보하는 좋은 기회를 얻을 수 있기 때문에 이 둘은 지금까지 공생의 관계로 성장해왔다.

신작을 기준으로 제작사가 넷플릭스에 콘텐츠를 판매하는 방법은 크게 두 가지인데, 오리지널 콘텐츠를 제작하거나 완성된 콘텐츠를 판매(라이선싱 계약)하는 방법이다. 오리지널 콘텐츠의 경우 넷플릭스에서 제작비를 전부 지원하고 판권을 가져가는 대신, 제작사는 10~20%의 안전 마진을 보장받는다. 오리지널 콘텐츠는 작품의 흥행 여부와 관계없이 넷플릭스에서 제작비를 지원하기 때문에 제작사는 손해를 보지 않지만, IP를 활용한 부가 판권 매출을 일으킬 수 없으므로 수익 역시 일회성 매출에 그친다. 대표적인 예가 〈오징어 게임〉이다. 외신에 따르면 〈오징어 게임〉이 창출한 금전적 가치는 약 1조 원에 달하지만, 넷플릭스의 오리지널 콘텐츠인 탓에 IP가 넷플릭스에 속해 있어 제작사는 안전 마진 이상의 추가 인센티브를 수취하지 못했다.

따라서 제작사 입장에서는 판권을 확보하는 편이 장기적인 수익 규모 면에서 유리하다. 그럼에도 불구하고 수많은 제작사에서 넷플릭스 오리지널 콘텐츠를 제작하는 이유는 앞서 둘의 관계에서 살펴봤듯이 넷플릭스를 통해 레퍼런스를 확보하고 글로벌 콘텐츠 시장에 진출할 기회가 생기기 때문이다. 〈킹덤〉을 제작한 에이스토리는 글로벌 시장에서 제작 역량을 인정받으며 시즌 1 대비 시즌 2에서 더 높은 프로젝트 마진을 남긴 것으로 파악되고, 〈지금 우리 학교는〉을 제작한 콘텐트리중앙은 작품 흥행에 힘입어 2022년 넷플릭스 오리지널 시리즈로만 〈안나라수마나라〉, 〈종이의 집: 공동경제구역〉, 〈모범가족〉, 〈수리남〉까지 총 5개 작품을 공개했다.

라이선싱 계약의 경우는 제작사가 직접 제작비를 부담해 판권을 확보하고, 판권 판매를 통해 수익을 창출하는 방식이다. 제작사들은 보통 방송사 편성과 기타 협찬 광고 등에서 발생한 매출을 통해 드라마 방영 이전에 제작비의 60~70%를 미리 회수한다. 나머지 30~40%는 판매 매출로 충당하는데, 투자한 금액 이상으로 수익이 발생하면 전부 이익으로 연결되는 구조이기 때문에 판매 매출의 규모에 따라 제작사의 이익이 결정된다. 국내 OTT보다는 글로벌 OTT들의 리쿱률Recoup Rate(제작비 회수율)이 높기 때문에 제작사들은 글로벌 플랫폼에 더 좋은 조건으로 작품을 많이 판매해서 수익성을 확보하는 전략을 선호한다.

다만 이렇게 제작사가 판권을 확보해 판매 매출을 일으키는 구조는 기본적으로 제작사가 제작비를 직접 부담해야 하기에 당연히

- 두 작품 모두 넷플릭스에서 크게 흥행했지만, 콘텐츠의 공급 방식은 다르다. 〈오징어 게임〉의 경우 넷플릭스가 제작비를 지원하고 판권을 가져간 오리지널 콘텐츠지만, 〈이상한 변호사 우영우〉는 완성된 콘텐츠를 플랫폼(넷플릭스)에 판매한 라이선싱 방식이다.

자료: Netflix, 에이스토리

판권 판매는 대규모 제작비 부담이 가능한 대형사 중심의 수익 구조일 수밖에 없었다. 대형 제작사들은 회당 제작비 10억 원 이상의 텐트폴ent pole* 작품을 만들어 판권을 비싸게 판매하면서 30% 이상의 프로젝트 마진을 남겨 수익을 창출해왔다.

---

* 막대한 자본을 투입해 매우 큰 규모로 만든 영화나 드라마. 텐트를 받치는 기둥처럼 제작사의 지지대 역할을 해줄 대작을 뜻한다.

대작을 낳는 황금 거위가 된 중소 제작사

그런데 상황이 달라졌다. 불과 1~2년 전만 해도 판권 확보는 자금력이 있는 대형사 위주의 얘기였는데, 2021년 초부터 중소형사에게도 동일한 기회가 생겼다. 넷플릭스만 있던 시장에 디즈니플러스, 애플TV플러스, 티빙, 웨이브, 왓챠, 쿠팡플레이 등 다양한 국내외 OTT가 등장하면서 양질의 콘텐츠를 원하는 곳이 많아졌고, 이를 대형 제작사에서만 감당할 수 없게 되자 자연스럽게 중소형사로 그 수요가 이어지게 된 것이다.

2020년 연말부터 제작비 330억 원이 투입된 〈지리산〉, 제작비 500억 원이 투입된 〈무빙〉(강풀 작가의 동명 웹툰을 원작으로 하는 드라마. 한국형 히어로물로 주목받고 있으며 2023년 디즈니플러스를 통해 공개 예정) 등 중소형사의 글로벌 OTT 공급 계약 소식이 들려오기 시작하면서 이들의 주가 상승 랠리rally*가 이어졌다. 2020년 11월부터 2021년 3월까지 〈지리산〉 제작사인 에이스토리의 주가는 무려 393.0%의 수익률을 기록했으며 삼화네트웍스는 274.1%, NEW 247.4%, 팬엔터테인먼트 167.8%, 키이스트 65.0% 등 중소형사들의 동반 주가 상승이 이어졌다. 외주제작을 넘어 대형사와 같은 비즈니스 모델을 구축함에 따른 기대감이 주가에 반영된 것이다.

최근 제작 트렌드를 보면, 대형사는 점점 제작비 규모가 작아

---

* 증시에서 약세로 하락한 주가가 크게 상승해 강세로 전환하는 것을 이르는 말.

지고 중소형사는 커지고 있다. 왜일까? 텐트폴 작품으로 레버리지 leverage**를 내는 방법은 매출에는 크게 기여하지만 제작비 상승이라는 원가 부담으로 이어질 수밖에 없다. 따라서 양적 성장을 이뤄낸 대형사들은 다음 단계인 질적 성장을 위해 비용 통제에 집중하고 있다. 회당 제작비가 10억 원 이상으로 커지게 되면 전체 에피소드 회차를 조절해 총제작비 규모를 통제하는 방식으로 수익성 중심 전략을 펼치고 있는 것이다. 대형사 라인업에서 〈미스터 션샤인〉과 같은 400억 원 이상의 대작들을 많이 보지 못하는 이유가 여기에 있다.

반대로 중소형사는 여전히 자금난에서 자유롭지 못하고 제작 여력도 제한적이기 때문에 대작 하나를 잘 만들어서 글로벌 OTT에 비싸게 판매하는 방식으로 양적 성장을 추구하고 있다. 중소형사의 라인업을 보면 〈빅마우스〉(250억 원, 에이스토리), 〈무빙〉(500억 원, NEW), 〈별들에게 물어봐〉(500억 원, 스튜디오드래곤·키이스트, 이민호·공효진 주연의 로맨틱코미디 드라마로 2023년 tvN 방영 예정), 〈재벌집 막내아들〉(350억 원, 콘텐트리중앙·래몽래인) 등 중소형사에서는 감당하기 힘든 규모의 대작들이 많이 있음을 확인할 수 있다. 리쿱률은 비슷할지라도 제작 규모가 크기 때문에 중소형사 입장에서는 실제로 수취하는 이익이 더 크다. 그래서 중소형사의 경우 어떤 제작사가, 얼마나 큰 규모의 작품을, 어떤 OTT 플랫폼에, 어떤 조건으로 팔았는지가 주가를 움직이는 가장 큰 요인이 된다.

** 기업이 차입금 등 타인의 자본을 지렛대처럼 이용해 자기 자본의 이익률을 높이는 일.

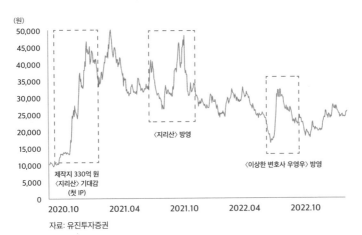

에이스토리 주가 추이

자료: 유진투자증권

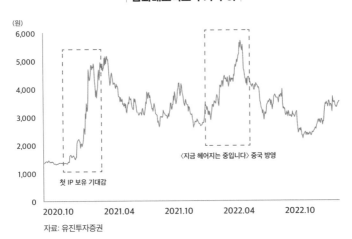

삼화네트웍스 주가 추이

자료: 유진투자증권

NEW 주가 추이

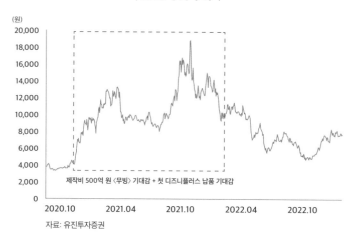

제작비 500억 원 〈무빙〉 기대감 + 첫 디즈니플러스 납품 기대감

자료: 유진투자증권

키이스트 주가 추이

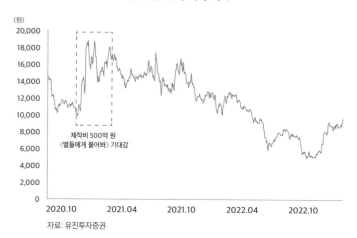

제작비 500억 원
〈별들에게 물어봐〉 기대감

자료: 유진투자증권

콘텐트리중앙 주가 추이

(원)

제작비 300억 원
〈시지프스〉 방영
(첫 텐트폴)

〈지금 우리 학교는〉 방영

제작비 300억 원〈설강화〉 방영
(디즈니플러스 첫 판매 작품)

제작비 330억 원
〈재벌집 막내아들〉 방영

자료: 유진투자증권

팬엔터테인먼트 주가 추이

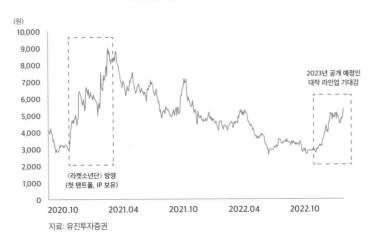

(원)

〈라켓소년단〉 방영
(첫 텐트폴, IP 보유)

2023년 공개 예정인
대작 라인업 기대감

자료: 유진투자증권

| 래몽래인 주가 추이 |

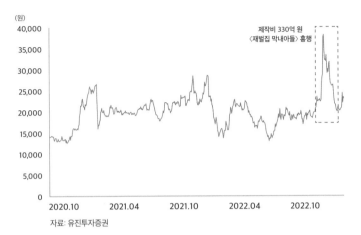

자료: 유진투자증권

드라마 제작 규모가
계속 커지는 이유

최근 16부작 드라마의 평균 제작비는 170~180억 원 수준을 상회한다. 과거에는 회당 제작비가 7~8억 원 선이었지만, 지금은 상당수 드라마에 회당 10억 원 이상의 제작비가 투입되고 있다. 제작비 상승에는 다양한 이유가 있겠지만, 최근의 제작 원가 상승은 고퀄리티 작품이 많이 쏟아지면서 드라마 제작 시장이 전반적으로 커지고 있다고 보는 편이 합리적이다. 특히 장르물이 흥행하면서 사실적인 묘사와 뛰어난 영상미를 갖춘 드라마에 대한 수요가 높아졌고, 컴퓨터 그래픽CG이나 시각 특수 효과Visual Effects, VFX의 정교성에 따라 극의 몰입도가 달라지기 때문에 자연스럽게 후반 작업에 상당한 시간과 비용을 쏟을 수밖에 없게 됐다.

CG는 많이 들어본 듯한데, 갑자기 VFX라니 조금 생소하게 느껴질 수 있다. 점점 대형화되는 드라마 판을 이해하기 위해서는 먼저 VFX라는 기술에 대해서, 그리고 이 기술이 왜 드라마에서 중요하게 다뤄지는지에 대해 한 번 짚고 넘어갈 필요가 있다.

제작비 상승 요인, 범인은 바로 CG와 VFX

사실 CG와 VFX는 궤를 같이한다. 간단히 CG의 상위 개념이 VFX라고 보면 이해가 쉽다. 촬영으로 구현 불가능한 장면을 컴퓨터를 통해 가능하게 해주는 기술을 CG라고 한다면, VFX는 이를 프리 프로덕션pre-production* 단계부터 감독이 상상하는 방식대로 다양한 특수 효과를 더해 시각적으로 구현하는 기술을 의미한다. 과거에는 특수 효과를 구현하기 위해 특수 분장, 카메라 트릭, 화공化工 효과 등 다양한 기법을 활용했지만, 최근에는 컴퓨터 기술의 발전으로 CG 기반의 VFX가 활발하게 이용되고 있다. 그래서 기존에는 촬영이 끝나고 후반 공정 작업에 주로 활용했던 CG나 VFX를 이제는 사전 제작 단계부터 적용하면서 드라마가 대형화되고 있는 것이다.

대표적으로 2021년 2월 넷플릭스를 통해 공개된 한국 최초의 SF 영화 〈승리호〉가 있다. 〈승리호〉는 제작비 240억 원이 투입된 블록버스터 작품으로 10개 정도의 국내 VFX 회사가 공동 참여했는데, 전체 2,500여 컷 중 80%가 넘는 2,000여 컷이 VFX 작업을 거

---

* 드라마나 영화를 제작할 때, 대본이나 시나리오가 완성된 후 촬영을 준비하는 일 전반을 의미한다.

친 장면들로 이뤄져 있다. 이 작업을 위해 (사전 기획을 포함할 경우) 1년 이상의 시간이 소요됐으며 230명이 넘는 인력이 투입됐다. 이렇게 VFX 작업이 많이 필요한 작품들은 시간도 비용도 많이 들기 때문에 TV보다는 주로 OTT 플랫폼에서 선보이는 오리지널 작품들인 경우가 많고 회당 제작비가 일반 드라마에 비해 높을 수밖에 없다.

앞서 살펴봤던 제작사의 수익 구조 모델을 떠올려보자. 제작비는 계속해서 커지고 있는데 TV 광고 단가의 상승은 제한적이다. 이처럼 방송사가 보전해주는 리쿱률이 낮기 때문에 편성 매출만으로는 제작비를 회수하기가 힘들다. 따라서 제작비가 많이 들어가는 장르물일수록 자금력이 탄탄한 OTT 플랫폼으로 향할 수밖에 없다. 넷플릭스 오리지널 콘텐츠인 〈킹덤〉이나 〈스위트홈〉, 〈고요의 바다〉, 〈지금 우리 학교는〉 등 우리에게 익숙한 OTT 오리지널 작품들은 모두 알고 보면 회당 20억 원 이상이 투입된 대작들이다.

소프트웨어정책연구소SPRi에 따르면, 영상 VFX가 속한 디지털 콘텐츠 시장은 2020년부터 2025년까지 연평균 12.0% 성장이 예상되는 영역으로 매년 안정적인 성장이 기대된다. 콘텐츠 시장의 규모가 성장함에 따라 VFX를 비롯한 영상 제작 기술 시장의 성장 잠재력 역시 기대되는 부분이다. 국내의 대표적인 VFX 상장사로는 〈신과 함께〉, 〈백두산〉, 〈승리호〉, 〈모가디슈〉, 〈외계+인〉 등의 VFX 작업을 담당한 덱스터, 〈한산: 용의 출현〉, 〈환혼〉 등을 담당한 위지윅스튜디오, 광고 및 영상 VFX를 비롯해 리얼타임real-time

● 〈이상한 변호사 우영우〉
에서는 주인공 우영우가 아
이디어를 떠올리거나 사건
을 해결할 때마다 고래가
등장한다. 정교하고 사실적
인 묘사로 드라마의 재미
요소 역할을 톡톡히 했다.

자료: 웨스트월드

콘텐츠* 솔루션 전문 기업인 자이언트스텝 등이 있으며 이외에도
〈스위트홈〉, 〈고요의 바다〉, 〈지금 우리 학교는〉, 〈이상한 변호사
우영우〉 등을 담당한 웨스트월드 등 비상장사를 포함해 다양한 회
사들이 있다.

---

* 리얼타임 엔진(언리얼 엔진, 유니티 등)을 기반으로 제작하는 다양한 영역의 실감형 콘텐츠.

미디어 산업의 종주국,
미국으로 뻗어가는 K드라마의 힘

회당 제작비 10억 원, 심지어 넷플릭스 오리지널 대작들의 경우 회당 제작비가 20억 원 이상이라니 드라마 1편을 만드는 데 생각보다 큰 비용이 들어간다는 것을 체감할 수 있다. 그런데 여기서 더 놀라운 사실은 미국의 드라마 제작비는 한국과 비교해 최소 5배에서 10배는 더 크다는 점이다.

즉, 미국 드라마의 경우 회당 제작비가 최소 50억 원에서 100억 원 혹은 그 이상까지도 이른다는 뜻이다. 넷플릭스 TV 시리즈 중 역대 흥행 상위권 작품들을 살펴보면 〈더 크라운〉, 〈기묘한 이야기〉, 〈브리저튼〉 등 주요 미국 드라마의 제작비는 모두 회당 100억 원을 상회한다. 반면 〈오징어 게임〉의 제작비는 회당 28억 원으로 미국 드라마와 비교하면 5분의 1에 불과하지만, 넷플릭스 오리지널인 한국 드라마 중에서는 역대 가장 큰 제작 규모다.

국내 드라마 제작사들의 최종 목표는 두말할 것 없이 할리우드 진출이다. 이유는 명확하다. 미국이 글로벌 최대의 미디어 시장이기도 하지만, 같은 작품을 만들어도 회당 제작비 규모가 훨씬 커서 한국과 비슷한 리쿱률을 받는다 하더라도 절대적으로 수취하는 이익 규모가 더 크기 때문이다. 2021년 CJ ENM과 콘텐트리중앙은 각각 미국 제작사를 인수했고, 스튜디오드래곤은 직접 진출함으로써 미국 시장에 첫발을 내디뎠다.

같은 목표, 다른 방식: 간접 진출 vs. 직접 진출

미국 시장 진출에 가장 먼저 시동을 건 곳은 콘텐트리중앙이다. 2021년 7월 미국 제작사 윕wiip의 모회사인 토네이도 엔터프라이즈Tornado Enterprise의 지분 80%를 약 1,300억 원에 인수하며 미국 시장에 간접적으로 진출했다. 윕은 BBC아메리카의 설립자이자 ABC 네트워크·스튜디오 사장을 지낸 폴 리Paul Lee가 2018년 설립한 콘텐츠 제작사다. 애플TV 플러스에 공개돼 방송계의 퓰리처상으로 불리는 피버디상을 받은 〈디킨슨Dickinson〉을 비롯해, 영국 록밴드 섹스 피스톨즈Sex Pistols의 일대기를 다룬 〈피스톨Pistol〉, 워터게이트 사건을 다룬 〈더 화이트 하우스 플럼버스The White House Plumbers〉 등 완성도 높은 작품을 제작한 곳이다.

이어 2021년 11월 CJ ENM은 미국의 대형 스튜디오인 엔데버 콘텐트Endeavor Content의 지분 80%를 9,300억 원에 인수하며 미국 시장으로 한 걸음 나아갔다. 엔데버콘텐트는 글로벌 스포츠&엔터테인먼트 기업인 엔데버 그룹 홀딩스 산하에서 출범한 스튜디오로 유럽, 남미 등 19개 국가에 글로벌 거점을 보유하고 있다. 콘텐츠 기획부터 제작 및 유통까지 자체 프로덕션 시스템과 모기업 네트워크 풀을 통한 폭넓은 인적·물적 유통망을 확보하고 있으며, 〈라라랜드La La Land〉, 〈콜 미 바이 유어 네임Call Me by Your Name〉 등 인기 영화를 비롯해 영국 BBC 인기 드라마 〈킬링 이브Killing Eve〉, 〈더 나이트 매니저The Night Manager〉 등의 투자, 제작, 유통, 배급에 참여했다.

콘텐트리중앙과 CJ ENM은 모두 미국 시장에 직접 진출한다기보다는 글로벌 OTT와의 작품 제작 및 현지 유통 경험이 있는 제작사를 확보하는 데 주력한 셈이다. 즉, 미국 현지에 제작 기지를 마련해 글로벌향 콘텐츠를 기획하고 제작하는 역량을 강화함과 동시에 글로벌 네트워크를 확보한 것이다.

반면 스튜디오드래곤은 미국 현지 제작사와 함께 드라마를 기획 및 제작하는 방식으로 미국 시장에 직접 진출했는데, 그 첫 번째 결과물이 2023년 상반기 방영 예정인 드라마 〈더 빅 도어 프라이즈The Big Door Prize〉다. 동명 소설을 원작으로 하는 이 작품은 10부작 휴먼 드라마로 〈시트 크릭Schitt's Creek〉으로 에미상 코미디 부문과 골든 글로브를 수상한 작가 겸 프로듀서 데이비드 웨스트 리드가 극본을 맡았다. 회당 제작비는 50억 원으로 〈터미네이터〉, 〈미션임파서블〉 시리즈로 잘 알려진 미국 제작사 스카이댄스 미디어Skydance Media와 공동 제작이다. 글로벌 OTT향 오리지널 작품이라 리쿱률이 제한적이기는 하지만, 제작 규모가 크기 때문에 절대적인 이익 규모는 클 것으로 예상한다.

현재 미국에서 공동으로 기획·개발 중인 IP는 10개로 여기에는 스튜디오드래곤이 보유한 IP 중 〈호텔 델루나〉를 비롯한 5개 작품이 리메이크 대상으로 포함돼 있다. 처음 미국 시장에 진출하는 것이기 때문에 단독으로 작품을 제작하기보다는 미국 메이저 제작사들과 공동으로 작품을 제작하며 시장에 초기 진입하는 전략을 펼치고 있다. 아직은 레퍼런스(인지도)가 높지 않아 글로벌 OTT향 오리지널 작품들 위주로 제작하고 있지만, 향후 스튜디오드래곤의 레퍼런스와 네트워크가 쌓이면서 자체 IP를 활용한 작품들이 활발하게 제작될 것으로 예상한다.

여기서 잠시 미국 드라마의 제작 방식을 살펴보자. 일반적으로 미국 드라마는 편성을 확정하기 전에 먼저 작가와 계약을 맺고 기본적인 시놉시스를 통해 흥행성이 있어 보이는 작품을 골라 파일럿 에피소드를 제작한다. 이 파일럿 에피소드의 반응이 괜찮으면 정식 시리즈로 확정하고 이후 후속 에피소드를 제작하는 식이다. 예를 들어 〈모던 패밀리Modern Family〉의 경우 2009년 9월 파일럿 에피소드가 방송되고 2주 만에 첫 시즌 전체 방영이 결정됐다. 미국에서 리메이크된 KBS 드라마 〈굿닥터〉 역시 ABC 채널에서 파일럿으로 먼저 공개된 뒤 인기에 힘입어 시즌 6까지 제작 및 방영될 수 있었다. 최근에는 스트레이트 투 시리즈Straight to Series라고 해서 파일럿 에피소드 제작 과정을 배제하고 바로 시리즈 제작으로 진입하는 사례가

● K드라마의 리메이크 열풍이 거세다. 〈사랑의 불시착〉, 〈호텔 델루나〉 등 방영 당시 글로벌 인기를 끈 작품들의 판권 협상이 구체적으로 진행되며 미국에서 리메이크 제작을 앞두고 있다.

자료: 스튜디오드래곤

증가하고 있지만, 그럼에도 미국은 한국에 비해 드라마 제작에 시간이 많이 소요되고 실제로 드라마의 방영이 확정돼 실적에 기여하는 시기를 단기적으로 기대하기는 어렵다.

방식은 다르더라도 미디어 산업의 최대 시장인 미국에 한국 기업들이 속속 진출을 시작했다는 점에 주목하면, 향후 드라마 산업은 미국 시장에 누가 먼저 진출해서 자리를 잡고 그 안에서 가시화된 성과를 얼마나 빨리 낼 수 있는지가 중요해질 것으로 전망된다.

팬데믹과 엔데믹을 지나온
영화 산업의 미래는?

팬데믹 기간 동안 미디어 산업 내에서 가장 힘들었던 업계라 하면 단연 멀티플렉스 극장일 것이다. 밀폐된 공간의 특성상 코로나19 바이러스의 타격을 제대로 맞았기 때문이다. 국내 박스오피스의 연간 관객 수는 2019년 2억 2,668만 명으로 정점을 기록한 후 팬데믹 영향으로 2020년 5,952만 명, 2021년 6,053만 명으로 급감했다.

코로나19가 본격적으로 확산되기 시작한 2020년 2월 주말 관객 수는 10년 만에 처음으로 100만 명을 하회하며 길고도 처절한 싸움의 시작을 예고했다. 같은 해 6월에는 영화진흥위원회에서 영화 할인 쿠폰을 대대적으로 발급했지만, 여전히 얼어붙은 소비 심리를 녹이기에는 역부족이었다. 그나마 7월에 개봉한 〈반도〉, 〈강철비 2: 정상회담〉, 〈다만 악에서 구하소서〉가 흥행하며 일시적으로 주말 관객 수가 100만 명을 상회하기도 했지만, 8월 말 수도권을 중심으로 코로나19가 2차 유행하면서 성수기 효과도 무산됐다. 엎친 데 덮친 격으로 사회적 거리두기는 2.5단계로 격상됐고, 이로 인해 한 칸씩 띄어 앉는 좌석 제한의 영향으로 좌석 가동률이 50% 수준까지 떨어지며 영화관은 역대 최악의 성수기를 보냈다.

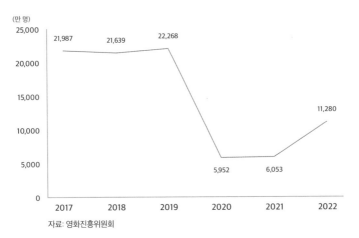

| 연도별 극장 관객 수 추이 |

(만 명)

자료: 영화진흥위원회

극장 대신 OTT로 향한 영화들

잡힐 듯하면 자꾸 터지는 코로나19의 확산세에 극장 개봉만을 기다리던 제작사와 배급사들은 최소한의 제작비라도 회수하고자 OTT 개봉을 선택했다. 지금까지 통상 극장 개봉 영화들은 2~3주간의 홀드백hold back* 기간을 가진 뒤 VOD로 공개됐지만, 이마저도 처음부터 OTT 개봉으로 대체된 것이다.

국내에서는 영화 〈사냥의 시간〉을 시작으로 〈콜〉, 〈낙원의 밤〉 등 극장으로 향하지 못한 영화들이 넷플릭스를 통해 공개되기 시작했는데, 제작비를 고려하면 극장 관람객이 최소 300만 명 이상은 돼야 손익분기점을 넘어설 수 있는 작품들이 오히려 OTT 개봉을 통해 소폭 이익 실현에 성공했다. 심지어 제작비 240억 원이 투입된 국내 최초의 SF 영화 〈승리호〉는 손익분기점이 600만 명이었는데 넷플릭스를 통해 개봉하며(넷플릭스에 310억 원에 판권 판매) 약 30%의 이익을 실현했다.

OTT에서만 개봉된 경우도 있지만, 극장과 OTT에서 동시 개봉하는 사례도 등장했다. 영화 〈서복〉은 극장과 티빙(배급사인 CJ ENM의 OTT)에서 동시 개봉했으며, 해외의 경우 워너브라더스의 〈원더우먼 1984Wonder Woman 1984〉도 극장과 HBO맥스를 통해 동시 개봉했다.

제작사와 배급사들은 OTT 개봉을 통해 조금이라도 이익 실현에 성공했는데, 문제는 극장이었다. 개봉작이 많지 않은 상황에서 고정비 부담이 가중되자 CGV를 시작으로 롯데시네마와 메가박스 등 대형 멀티플렉스 극장은 영화 관람료를 인상했다. 이는 2018년 4월 이후 2년 6개월 만의 요금 인상 결정으로 2020년, 2021년, 2022년 매해 티켓 가격을 인상하며 외형 회복을 위해 노력했다.

─────────────

* 콘텐츠의 부가 판권이 한 곳에서 다른 곳으로 넘어가는 데 걸리는 시간.

● 팬데믹 기간, 이익 실현을 위해 극장이 아닌 OTT 개봉을 선택한 영화들. 넷플릭스에서 공개된 〈승리호〉와 극장과 티빙에서 동시 개봉한 〈서복〉.

자료: 넷플릭스, CJ ENM

  가격 상승은 수요의 탄력성에 영향을 미친다. 따라서 영화 관람료 인상 역시 단기적으로는 소비 심리에 부정적으로 작용했는데, 결과적으로는 극장 사업자들의 회복에 큰 도움이 됐다. 대표적으로 〈아바타〉나 〈알라딘〉 같은 할리우드 블록버스터 작품들은 3D, 4D 상영으로 사실상 티켓 가격이 1.5배 비쌌지만 흥행에 성공했고, 〈범죄도시 2〉의 경우 팬데믹 상황에서 첫 1천만 관객을 달성하는 기염을 토했다. 티켓 가격이 오른다 하더라도 영화 자체의 흥행성만 보증된다면 관객들의 구매 욕구는 감소하지 않는다는 점을 증명한 셈이다.

그러나 극장 산업은 여전히 중요하다

2019년처럼 극장가에 활기가 도는 시기가 언제 다시 찾아올지는 아무도 알 수 없지만, 그럼에도 극장 산업을 주목해야 하는 또 다른 이유는 이 산업이 과점 시장이기 때문이다. 극장 산업의 경우 막대한 초기 자본과 고가의 임대료를 포함한 높은 유지 비용이 발생하며, 설립 지역에 대한 정확한 분석이 필요하기 때문에 경험이 전무한 신규 사업자들의 초기 진입 장벽이 높은 편이다. 이미 CGV, 메가박스, 롯데시네마 3사가 구축한 시장 내 기업 인지도에서 비롯된 시장점유율 증가와 중요 전략 지역 선점 경쟁 등이 진입 장벽을 더 높게 만드는 요인으로 작용하고 있다.

극장 사업자들의 매출은 크게 상영 매출, 매점 매출, 광고 매출로 이뤄진다. 가장 비중이 큰 상영 매출을 자세히 파악하기 위해서는 영화 제작 전반에 참여하는 사업자들의 수익 구조에 대해 알아볼 필요가 있다. 소비자가 구매하는 티켓 가격에서 영화진흥위원회에 납부하는 발전 기금(3%)과 부가세(10%)를 공제하고 남은 금액을 극장과 배급사가 50%씩 매출로 수취하는데, 이때 극장이 수취하는 매출이 곧 상영 매출이 된다.

배급사가 수취한 매출 중에서는 10%를 배급 수수료로 받고 나머지는 제작비로 충당하는데, 손익분기점을 넘는 수익에 대해서 제작사 40%, 투자사 60%의 비율로 이익 분배가 이뤄진다. 만약 손익분기점을 넘지 못하고 손실이 날 경우는 투자사가 모든 손실을 떠

안게 된다(제작사의 경우 표면적인 손실은 없으나, 다음 작품의 투자자를 확보하는 데 어려움을 겪을 수 있다).

팬데믹 이후 첫 1천만 관객을 기록한 영화 〈범죄도시 2〉의 경우를 예로 들어보자. 언론에 따르면 〈범죄도시 2〉의 총제작비는 약 130억 원이며, 홍보 마케팅 비용을 제외할 경우 순 제작비는 약 105억 원 정도로 파악된다. 손익분기점은 200만 명이지만 영화진흥위원회의 개봉 지원금과 해외 선판매 등으로 손익분기점이 낮아져 실제 손익분기점은 약 150만 명 정도로 추산된다. 그런데 〈범죄도시 2〉는 최종 관객 수 1,269만 명을 기록하며 손익분기점보다 무려 8배가 넘는 관객을 동원했다. 손익분기점을 크게 넘어섰기 때문에 극장과 배급사뿐 아니라 투자사와 제작사도 투자 비율에 따라 관련 수익을 정산받게 됐다.

메인 투자·제작사는 아니지만, 〈범죄도시 2〉의 상영, 배급, 제작에 참여한 콘텐트리중앙은 관련 이익으로만 총 130억 원을 벌어들인 것으로 파악된다. 당연히 메가박스라는 영화관을 가지고 있기 때문에 상영 매출은 기본으로 발생했다. 정확한 투자 비율은 알 수 없지만 연결 자회사*인 메가박스중앙㈜플러스엠이 배급 수익으로 약 40억 원, 투자 수익으로 약 40억 원을 수취하고, 또 다른 연결 자회사 BA엔터테인먼트가 제작 수익으로 약 40억 원가량을 수취한

---

* 자회사 가운데서도, 모회사와 자회사 간의 재무제표를 직접 연결함으로써 100% 동일시할 수 있는 자회사를 말한다. 자회사의 경영 실적이 모회사에 그대로 영향을 끼치는 구조다.

것으로 알려졌다. 잘 만든 콘텐츠 하나가 여러 사업자들에게 큰 이익을 가져다준 셈이다.

| 〈범죄도시 2〉 관련 콘텐트리중앙 수익 현황 |

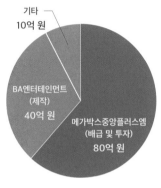

기타
10억 원

BA엔터테인먼트
(제작)
40억 원

메가박스중앙플러스엠
(배급 및 투자)
80억 원

자료: 콘텐트리중앙

총 수익 130억 원

영화 산업은 전체 개봉작 중 10% 내외가 전체 관객의 60~80%를 차지하는 흥행작 중심의 시장 특성을 가지고 있다. 따라서 대작들의 개봉만 순차적으로 진행된다면 시장 회복은 자연스럽게 이뤄질 것으로 보인다. 2023년 국내 박스오피스는 2019년 대비 70% 수준에 머무를 것으로 예상되지만, 평균 티켓 가격이 2019년 대비 30%가량 상승했고 판매 관리비가 2019년 대비 20%가량 감소했기 때문에 볼거리만 풍성하다면 시장은 회복을 넘어 빠르게 성장할 것으로 전망된다.

한편, 영화가 개봉하면 상영 매출뿐 아니라 매점 매출과 광고 매출(영화 상영 전 스크린을 통해 송출되는 광고에서 발생하는 매출. 방송사의 CF 방영 매출과 유사하다)이 같이 증가하는데, 특히 매점 매출은 2019년 대비 평균 단가가 상승 추세를 보이고 있고 이익 기여도가 높아 전체 수익성을 견인하는 중요한 요소다. 매점에서의 소비를 이끌기 위해서는 재미있는 작품이 많이 개봉해야 하므로 대작들의 개봉 시점을 체크하면서 반등 시점에 대응할 필요가 있다.

2장

K팝, 무대 위에서 탄생한 초대형 비즈니스

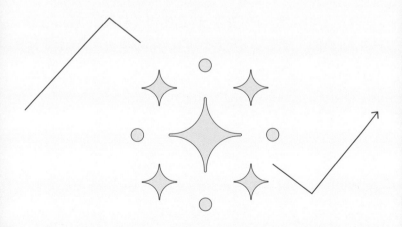

세 번의 도약기,
세 번의 리레이팅

지난 10년 동안 K팝을 중심으로 한 한국의 엔터 산업은 크게 세 번의 도약기가 있었다. 2011년 한류 열풍에 힘입어 국내 가수들이 본격적으로 일본, 중국 등 아시아 중심의 해외 진출을 시작한 시기를 1차 도약기, 2016년 유튜브가 활성화됨에 따라 다국적 그룹들이 많아지고 아시아 이외의 국가로 글로벌 팬덤이 확장되기 시작함과 동시에 엠넷의 〈프로듀스〉 시리즈 같은 오디션 기반 프로그램이 흥행하며 성장형 아이돌을 양산한 시기를 2차 도약기로 볼 수 있다. 3차 도약기는 2021년부터 현재까지 이어지고 있는데, 여기서 주목할 점은 지난 1, 2차 도약기에 비해 매우 급하고 빠르게 진행되고 있다는 사실이다.

3차 도약기를 조금 더 자세하게 살펴보면, 4대 대형 기획사(하이브, SM, JYP, YG)를 중심으로 2021년 하반기부터 총 세 번의 리레이팅re-rating* 구간이 있었다. 1차 리레이팅은 팬 플랫폼이 개화하면서 시작됐고, 2차 리레이팅은 음반 판매의 호조에 더해 온라인 콘서트가 활성화되면서, 3차 리레이팅은 걸그룹의 가파른 성장과 함께 신인 아티스트의 수익화가 빨라지면서 시작됐다. K팝을 이해하는데 있어 가장 중요한 키워드는 팬덤인데, 엔터 산업의 성장을 이끌었던 모멘텀momentum**들을 살펴보면 모두 팬덤이 확장되는 시기와 맞물려 있다. 따라서 팬덤이 확대되는 방식을 파악해보면 엔터 산업에서의 리레이팅 구간을 예측해볼 수 있다.

| 2010년 이후 한국 엔터 산업의 도약기 |

1차 도약기 (2011년)	• 한류 열풍 기반 • 국내 가수들의 해외 진출(아시아 중심)
2차 도약기 (2016년)	• 유튜브 활성화 • 다국적 그룹 증가 및 글로벌 팬덤 확장 • 오디션 프로그램을 통한 성장형 아이돌 양산
3차 도약기 (2021년)	• 팬 플랫폼 개화 • 음반 판매 호조 및 온라인 콘서트의 성공 • 걸그룹의 급성장, 신인 아티스트의 수익화 시기 빨라짐

---

*   똑같은 이익을 내더라도 주가가 더 높은 수준에서 형성되는 것을 뜻한다.

**   주가가 상승하고 있을 때 얼마나 더 상승할 것인지, 또는 주가가 하락하고 있을 때 얼마나 더 하락할 것인지를 나타내는 지표.

1차 리레이팅: 팬 플랫폼의 개화

✦

1차 리레이팅은 팬 플랫폼이 개화하면서 시작됐다. 팬 플랫폼은 아티스트와 팬이 소통할 수 있는 플랫폼을 의미하는데, 대표적으로 버블Bubble과 위버스Weverse가 있다. 이미 트위터나 인스타그램 같은 소셜 네트워크 서비스SNS가 있는데 팬 플랫폼이 특별히 다른 점이 뭐가 있냐고 생각할 수 있지만, 팬 플랫폼은 팬덤의 가장 핵심이자 중요한 요소인 '프라이빗private'을 강조하고 있다는 점에서 크게 차별화된다.

사실 팬 플랫폼이라는 단어가 생소해서 그렇지, 과거에 아예 없던 개념은 아니다. 2000년대 초반에 등장한 '유에프오 타운UFO TOWN'은 아이돌과 팬이 직접 문자를 주고받을 수 있는 획기적인 서비스였다. 내가 좋아하는 아이돌에게 가상의 번호로 문자를 보낼 수 있었으며, 문자 1건을 보낼 때마다 300원이 청구됐다. 그 당시만 해도 SNS가 등장하기 전이라 유에프오 타운은 내가 좋아하는 아이돌과 소통할 수 있는 유일한 창구였다. 내가 보낸 문자에 답장이라도 받게 되면 팬에게는 그만한 기쁨이 없었다. '다수가 아닌 나만을 위한 답장'이라는 점에서 프라이빗함을 강조한 서비스로 인기가 많았다.

이후 서바이벌 오디션 프로그램을 통해 데뷔한 한일 합작 걸그룹 아이즈원이 일본의 아이돌 그룹인 AKB48이 제공하던 모바일 메일 서비스를 가져와 2019년부터 프라이빗 메일 서비스를 제공하면서 본격적으로 구독형 팬 플랫폼의 시대가 시작됐다. 월 4,500원

(1인당 요금, 그룹의 경우 개인별로 구독하는 형태)으로 원하는 아티스트를 구독하면 외부에 공개되지 않은 아티스트의 사진과 글을 메일 형식으로 받아볼 수 있었고, 구독자가 닉네임을 설정하면 아티스트로부터 원하는 닉네임으로 메일을 받을 수도 있었다(단, 답장은 할 수 없었다).

버블

SNS를 통해 아티스트의 근황을 확인하고 라이브 방송을 통해 아티스트와 팬들이 소통하는 게 자연스러워졌음에도 불구하고 프라이빗함을 강조한 팬 플랫폼의 성장이 지속되자, 2020년 SM엔터테인먼트(이하 SM)의 IT 계열 관계사인 디어유에서 '버블'이라는 서비스를 론칭했다. 버블의 등장은 틈새시장을 제대로 공략하며, 그동안 부수적인 비즈니스에 머물던 팬 플랫폼 서비스를 양지로 끌어올렸다고 해도 과언이 아니다. 버블의 기본적인 구조는 앞서 소개한 아이즈원의 프라이빗 메일 서비스와 크게 다르지 않다. 다만 팬들의 답장이 가능해지면서 급격히 입소문을 타 출시 6개월 만에 흑자 전환에 성공했다.

90%가 넘는 구독 유지율에서 알 수 있듯이 버블은 팬들의 만족도가 상당히 높은 플랫폼이다. 출시 2년 만에 벌써 150만 명을 상회하는 유료 구독자를 확보했으며 이중 해외 이용자 비중이 70%에 달할 만큼 명실공히 글로벌 플랫폼으로 자리 잡았다. SM과 JYP를

비롯해 다양한 소속사의 아티스트 라인업을 갖추고 있으며 여기에는 그룹이 아닌 개인 가수, 배우, 댄서, 스포츠 스타 등도 포함돼 있다. 한 명당 월 4,500원의 구독료를 내면 아티스트와 메시지로 소통할 수 있으며, 두 명을 구독하면 월 8,000원, 세 명을 구독하면 월 1만 1,500원이다. 닉네임을 설정하면 구독한 아티스트가 내가 원하는 이름으로 불러주고, 버블에서만 볼 수 있는 사진, 동영상, 음성 메시지 등을 보내주기 때문에 아티스트와 더 가깝고 친밀한 소통이 가능하다. 심지어 팬들은 해당 문자에 답장을 보내며 아티스트에 대한 팬심을 더욱 키워갈 수 있는데, 수많은 대화 속 내가 보낸 문자에 아티스트가 답장을 해주면 그 한 번을 위해 계속 구독을 이어갈 수밖에 없다. 정말 완벽하게 팬심을 저격한 플랫폼인 것이다.

한편, 버블과 비슷한 시기에 '유니버스'라는 플랫폼이 출시됐다. 유니버스는 엔터 기획사가 아닌 게임사 엔씨소프트에서 개발한 팬 플랫폼으로 아티스트와의 프라이빗 메시지 기능과 입점 아티스트의 음원, 뮤직비디오, 예능, 화보 등 다양한 오리지널 콘텐츠를 제공한다. 초기 구독료는 1인당 월 7,900원으로 버블보다는 상대적으로 비싼 감이 있다. 그런데 2023년 1월 디어유가 유니버스의 프라이빗 메시지 사업을 인수하는 자산양수도 계약을 체결하면서 유니버스와 버블이 합쳐지게 됐다. 이로 인해 버블이 SM과 JYP 외에 스타쉽엔터테인먼트 소속 아티스트를 확보하며 규모의 성장을 이루게 되면서 본격적으로 버블과 위버스의 팬 플랫폼 양강 구도가 형성됐다.

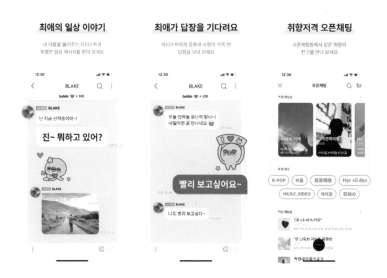

● 실제 아티스트와 메시지를 주고받으며 소통을 즐길 수 있는 월 구독형 프라이빗 메시지 서비스 버블.

자료: 디어유

위버스

2019년 하이브에서 출시한 팬 플랫폼 '위버스'는 메시지 중심인 버블과는 약간 성격이 다르다. 위버스에 입점한 아티스트의 커뮤니티에 팬들이 가입해 활동하는 방식이다. 아티스트가 사진과 함께 글을 올리거나 짧은 스토리(게시글의 한 형태)를 올리면 댓글로 소통할수 있고, 팬들이 직접 커뮤니티에 글을 올릴 수도 있다. 당연히 아티스트가 내가 올린 댓글에 답글을 다는 등 즉각적인 소통도 가능하고 콘서트 실황이나 자체 콘텐츠* 등 무료 및 유료 영상 콘텐츠를 감상할 수도 있다. 이외에도 위버스샵에서 입점 아티스트의 앨범은 물론 의류, 가방, 액세서리 등 다양한 상품들을 구매할 수 있다. 팬 커뮤니티로 역할함과 동시에 아티스트 관련 상품 구매까지 가능한 플랫폼을 구축해 팬 경험을 확장시키고 있다는 점이 특징적이다. 위버스는 팬 플랫폼 중 가장 규모가 크다. 출시 3년 만에 월간 활성 이용자 수가 850만 명을 상회했으며, 이중 해외 이용자의 비중이 80% 이상으로 글로벌 팬덤 유입이 빠르게 이뤄지고 있다.

2022년 7월에는 라이브 방송 중심의 팬 플랫폼인 네이버의 '브이라이브V lIVF'를 통합했는데, 이를 통해 기존 서비스에 추가로 실시간 라이브 기능을 탑재하게 되면서 팬들의 플랫폼 체류 시간을 늘

● "Official for All Fans." 전 세계 팬들과 아티스트가 함께하는 글로벌 팬덤 플랫폼을 표방하는 위버스.
자료: 위버스컴퍼니

---

* 기획사에서 자사 소속 아이돌의 소소한 일상을 담은 리얼리티나 예능, 무대 뒤 이야기(비하인드) 등의 영상을 직접 제작해 선보이는 콘텐츠로 보통 줄여서 '자컨'이라고 부른다.

려가고 있다. 브이라이브와의 통합을 기점으로 위버스도 빠르게 변화하고 있는데, 2023년 상반기 내에 본격적으로 구독 모델을 도입할 예정이다. 현재 시점에서 세부 내용을 확인할 수는 없지만, 하이브가 새롭게 선보인 독자적인 팬덤 앱 '포닝Phoning'의 구독 모델을 통해 어떤 방식으로 요금제를 운용할지 큰 틀에서 예상은 해볼 수 있다.

포닝은 지난 2022년 7월 데뷔한 하이브 산하의 신규 걸그룹 뉴진스의 단독 팬 플랫폼으로 실시간 라이브 방송, 채팅, 사진첩, 캘린더 기능을 제공한다. 대부분의 기능들이 위버스에서 제공하는 것과 큰 차이가 없기는 하지만, 아티스트와의 채팅은 현재 포닝에서만 제공하고 있다. 향후 위버스에 아티스트 채팅 기능이 추가된다 하더라도 포닝은 독자적으로 운영될 것으로 예상한다. 2022년 12월 1일부터 실시간 라이브 방송 시청을 제외한 다른 기능들이 유료로 전환되면서 포닝은 본격적으로 구독 모델을 도입했는데, 구독권은 월간 구독권(9,900원)과 연간 구독권(9만 9천 원)의 두 종류가 있다. 구독 모델과 상관없이 실시간 방송 시청은 모두 가능하지만, 라이브 방송 다시보기 기능 제공은 유료 회원으로 제한된다. 유료 회원은 라이브 직후부터 다시보기가 가능하지만, 무료 회원은 14일 이후에 시청할 수 있다.

라이브 영상은 무대 밖에서의 아티스트의 진솔한 모습을 볼 수 있고 그 안에서 더 깊은 소통이 이뤄지기 때문에 팬들에게 중요한 덕질(자신이 좋아하는 분야에 파고드는 일) 포인트가 된다. 설렁탕을 먹

 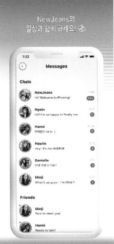 

● 뉴진스의 독자적인 팬 플랫폼 포닝. 포닝은 뉴진스와 팬들이 하나의 폰을 공유한다는 콘셉트 아래, 멤버의 일상을 나누며 팬과 아티스트가 깊은 친밀감을 쌓는 데 중점을 뒀다.

자료: 위버스컴퍼니

을 때 소금 없이 먹어도 괜찮지만 소금을 넣어 더 맛있게 먹을 수 있는 것처럼, 팬덤 활동에 있어서 소금의 역할을 하는 것이 바로 라이브 다시보기다. 이전에 버블에서 다시보기 기능 없이 라이브 방송 콘텐츠를 제공해서 팬들로부터 논란이 생긴 적이 있었다. 결국 해당 논란은 다시보기 기능을 제공하며 마무리됐는데 이를 생각해 보면 라이브 다시보기 기능에 차등을 둔 점은 충분히 팬들의 구독을 이끌어낼 만한 유인으로 보인다.

구체적인 윤곽은 알 수 없지만, 위버스도 구독 요금제를 도입하면서 라이브 기능에 제한을 둘 것으로 예상된다. 또한 포닝에서는 유료 전환을 통해 아티스트 단체 채팅과 멤버별 개인 채팅에 참여하는 기능을 추가로 도입했기 때문에, 위버스도 구독 모델에서는 아티스트와 대화하는 채팅 기능이 새로 도입될 것으로 보인다. 아티스트 채팅 기능은 이미 버블에서 증명했듯이 구독을 오래 유지시키는 요인이자 팬들의 만족도가 가장 높은 기능이다. 2023년 중으로 이타카홀딩스Ithaca holdings 산하의 저스틴 비버Justin Bieber, 아리아나 그란데Ariana Grande 등의 미국 아티스트들이 위버스에 입점하면서 아티스트 풀이 더 다양해지고 구독 모델을 통해 더 고도화된 서비스를 제공하며 트래픽을 높여갈 것으로 예상한다.

한국에서 시작된 팬 플랫폼이 불과 1~2년 사이에 글로벌 플랫폼으로 자리 잡은 데는 공연과 자체 콘텐츠의 영향도 큰 몫을 했다. 아티스트들이 공연 및 자체 콘텐츠에서 있었던 일을 버블이나 위버스로 소통하면, 해당 플랫폼을 구독하지 않는 팬들은 공개 콘텐츠에서는 알 수 없는 비하인드 스토리가 궁금해져 팬 플랫폼을 구독할 수밖에 없다. 이런 선순환 구조가 형성되면서 팬 플랫폼이 양지로 떠오르게 된 것이다.

팬 플랫폼은 특히 팬데믹 동안 급부상했다. 보통 아티스트가 음반을 내고 활동기에 들어가면 팬 사인회나 팬 미팅, 콘서트 등과 같이 오프라인에서 만날 기회가 많은데, 팬데믹으로 외부 활동을 하지 못하게 되면서 팬들은 아티스트와의 소통에 더 갈증을 느낄 수밖에 없었다. 팬 플랫폼은 바로 이 틈새를 파고들며 성공한 것이다. 아티스트와 팬 개개인이 직접 소통하고 있다는 프라이빗함을 강점으로 팬이 아티스트로부터 받은 답장이 SNS를 통해 다시 재공유되면서 추가 팬덤을 확보해 유료 구독자가 자연스럽게 늘어난다. 당연히 팬덤이 어떤 식으로든 점점 커질 수밖에 없다.

2차 리레이팅: 음반 시장의 호조와 온라인 콘서트

팬데믹 동안 가장 많이 접했던 단어 중 하나가 오프라인일 것이다. 엔터 산업 역시 기획사마다 비중은 다르지만, 전체 산업에서 오프라인 콘서트가 차지하는 비중이 적게는 10%에서 많게는 30%에 이르기 때문에 콘서트의 부재는 사실상 심각한 실적 타격으로 이어질 수밖에 없었다. 당시 북미나 유럽 일부 국가에서만 제한적으로 활동이 가능하고 여전히 한국을 비롯한 아시아 국가에서는 오프라인 활동이 불가능해 콘서트 매출을 회복하기 힘든 상황임에도 불구하고 빠르게 2차 리레이팅기를 맞이할 수 있었던 배경에는 음반 시장의 호조와 더불어 온라인 콘서트의 활성화가 있었다.

듣지 않아도 산다! 날개 돋친 음반 시장

팬데믹 동안 오프라인 콘서트의 부재를 만회할 만큼 기하급수적으로 늘어난 매출이 있는데 바로 음반 매출이다. 2019년 2,459만 장에 정체돼 있던 음반 판매량은 2020년 4,170만 장, 2021년 5,460만 장을 기록했고, 2022년에는 무려 8,074만 장을 기록했다. 팬데믹으로 콘서트에 가지 못하니 그 대신 음반을 구매하는 보복 소비의 패턴이 나타났다고 볼 수 있는데, 이러한 반사 수혜로만 생각하기에는 아티스트의 비활동기에도 음반 매출이 증가한다는 점이 설명되지 않는다. 음반 호조가 이어진 배경은 온라인으로 결집한 팬덤이 팬 플랫폼과 자체 콘텐츠를 통해 글로벌로 뻗어나가며 팬덤이 자연스럽게 확대됐고, 지역적 확장이 이뤄지며 음반 시장이 성장했다고 해석하는 것이 합당하다.

| 연도별 K팝 음반 판매량 |

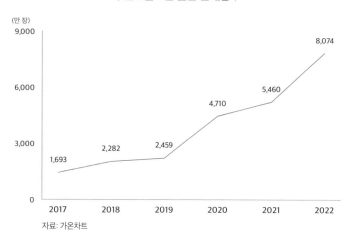

자료: 가온차트

자체 콘텐츠는 정해진 형식도, 길이도 없기 때문에 아티스트의 자연스러운 모습을 담을 수 있어 팬덤의 몰입감을 강화하며 록인 lock-in 하는 효과가 있고, 온라인 콘텐츠의 특성상 다양한 국가의 언어로 자막을 제공할 수 있기 때문에 팬덤의 글로벌 확산이 빠르게 이뤄질 수 있다. 무엇보다도 팬덤의 이탈이 발생하는 비활동기에도 얼마든지 콘텐츠 제작이 가능하기 때문에 최근 자체 콘텐츠는 아이돌이 팬덤을 유지하는 새로운 돌파구로 자리 잡게 됐다.

특히 자체 콘텐츠에서 파생된 팬들의 2차 창작물이 유튜브를 통해 확산되면서 자발적인 아티스트 홍보 효과가 발생하게 되는데, 이런 순환적 시스템이 해외 팬덤 확산에 큰 영향을 미쳤다. 기획사와 팬들이 만들어낸 콘텐츠들이 계속 쌓이는 아카이브 구조로 인해 유튜브에서의 콘텐츠 소비가 지속될 수 있었다. 팬데믹 영향으로 온라인에서 더 많은 시간을 보내게 된 사람들이 아티스트의 비활동기에도 유튜브를 통해 다양한 콘텐츠를 끊임없이 소비하며 팬덤이 더욱 확대되고 견고해진 것이다.

대표적으로 2016년 데뷔한 SM 소속 보이그룹 NCT는 2019년 75만 장의 음반을 판매했는데, 2020년에는 465만 장, 2021년에는 1,091만 장을 판매하며 짧은 시간에 빠른 팬덤 성장을 이뤘다. 2020년부터 활발하게 선보이기 시작한 자체 콘텐츠를 통해 라이트light 팬덤이 코어core 팬덤으로 강화되면서 신보뿐 아니라 구보 매출의 성장을 견인해 음반 매출의 확대를 이끈 것이다. 이처럼 아티스트의 비활동기에도 구보 판매가 지속적으로 이어지면서 음반 매출이 확대되기 시작했고, 수익성이 좋은 구보 매출 증가로 엔터 기획사들의 이익 체력(이익을 창출할 수 있는 능력)도 높아질 수 있었다.

안정적 수익 모델로 정착한 온라인 콘서트

음반 시장 성장과 더불어 비슷한 시기에 온라인 콘서트가 활성화되기 시작했다. 보통 콘서트를 통한 티켓 매출 자체로는 그렇게 수익성이 좋지는 않다. 콘서트를 통해 판매되는 MD 상품*의 매출이 콘서트의 수익성을 높여주는데, 팬데믹 기간에는 오프라인 콘서트를 제한된 지역에서 그것도 한정된 인원으로만 진행하다 보니 MD 매출이 높지 않아 콘서트를 통한 수익 창출이 힘들었다. 엔터 기획사들이 그 대안으로 생각해낸 방법이 바로 온라인 콘서트였다. 온라인 콘서트는 대개 온라인으로만 콘서트를 송출하거나 혹은 오프라인 콘서트를 진행하는 경우 마지막 회차를 온라인으로 동시 송출하는 방식으로 이뤄진다. 현장감이 핵심인 콘서트를 온라인으로 보여준다는 측면에서는 꽤 참신한 시도였다.

수익 모델로 정착하지 못할 것이라는 세간의 우려와는 다르게 온라인 콘서트는 대성공이었다. 성공 요인은 크게 두 가지다. 먼저 부담 없는 콘서트 가격이다. 오프라인 콘서트 티켓 단가가 보통 15만 원이라고 하면 온라인 콘서트의 티켓 단가는 5만 원 내외로 오프라인 티켓에 비해 가격이 월등히 저렴했기에 더욱 많은 관객을 모을 수 있었다. 또한 오프라인 콘서트는 공연장에 따른 모객 인원

---

* MDmerchandise는 판매 목적으로 만들어진 각종 상품을 통칭하는 말로 특정 행사나 단체(인물) 등과 관련된 홍보용 상품을 뜻하는 경우가 많다. 일반적으로 굿즈goods와 동의어로 쓰이며, 아이돌 MD로는 응원봉, 포토카드, 포스터 및 각종 의류, 가방 등이 있다.

이 정해져 있어 공연장 크기를 키우거나 공연 횟수를 늘리지 않는 이상 티켓 가격의 인상을 통해서만 매출을 확대할 수 있지만, 온라인 콘서트는 글로벌 전 지역에 동시 송출하면서 모객 인원을 무한으로 늘릴 수 있다는 장점이 있었다.

오프라인 콘서트만으로는 해결하지 못했던 수익을 보전해준 것은 물론이고, 더 나아가 외형 성장까지 견인했으니 온라인 콘서트가 몰고 온 파급효과는 가히 어마어마했다. 실제로 2021년 6월에 진행된 방탄소년단BTS의 온라인 팬미팅은 동시 접속자 수가 133만 명을 기록했고 티켓 매출로만 최소 3백억 원 이상을 벌어들인 것으로 추정된다. 이러한 성공 사례는 비단 방탄소년단뿐이 아니다. 비슷한 시기에 진행했던 세븐틴의 온라인 팬 미팅에서는 약 60억 원 이상의 티켓 매출이 발생한 것으로 추정된다.

팬 플랫폼의 도입이 K팝에 기반한 엔터 산업의 구조적인 성장을 이끄는 모멘텀이었다면, 2차 리레이팅기의 음반 판매 호조와 온라인 콘서트 활성화는 수익성을 높여주는 새로운 비즈니스 모델을

● 온라인 스트리밍 방식으로 진행된 방탄소년단의 온라인 팬 미팅 'BTS 2021 MUSTER'. 이틀 동안 1950여 개 지역에서 총 133만여 명이 시청했다.

자료: 빅히트뮤직

성공적으로 선보이며 또 한 번 엔터 산업의 리레이팅을 이끌었던 것이다.

3차 리레이팅: 걸그룹의 성장

엔데믹으로 전환되며 오프라인 활동이 조금씩 재개되고, 월드 투어 일정이 하나둘 잡혀가면서 온라인 콘서트의 영향력이 옅어질 즈음 신기한 일이 벌어졌다. 걸그룹이 음반 판매 100만 장을 기록하는 시대가 열린 것이다.* 불과 1~2년 전만 해도 연간 누적 100만 장 이상 판매를 기록한 걸그룹은 블랙핑크와 아이즈원뿐이었는데 어느새 단일 앨범으로만 100만 장을 팔아치우는 걸그룹이 7팀(블랙핑크, 트와이스, 레드벨벳, 있지, 에스파, 아이브, 뉴진스)이나 된다(2023년 2월, 가온차트 기준). 단일 앨범 기준 판매량 60만 장 이상은 기본이며 이제 갓 데뷔한 신인 걸그룹들도 초동 40만 장은 가볍게 달성할 정도로 걸그룹이 빠르게 성장하고 있다. 특히 2년간의 공백기를 깨고 정규 2집 〈BORN PINK〉로 컴백한 블랙핑크는 300만 장 이상의 음반 판매를 기록하며 웬만한 보이그룹을 능가하는 압도적인 성적으로 걸그룹의 성장세를 이끌었고, 트와이스는 K팝 걸그룹 최초로 미국에

＊ 주 소비층이 여성인 특성상 지금까지 아이돌 산업은 보이그룹 중심으로 수익이 발생해왔다. 그런 점에서 걸그룹의 음반 판매가 100만 장까지 증가했다는 사실은 의미가 크다. 한편, 비슷한 시기 보이그룹의 경우 음반 판매 200만 장의 시대가 열렸다. 즉, K팝 걸그룹, 보이그룹 모두 동반 성장한 것으로 볼 수 있다.

서 스타디움 투어를 진행하며 높아진 걸그룹의 위상을 증명했다.

기존 걸그룹뿐 아니라 신인 걸그룹에게도 낙수 효과가 이어졌다. 뉴진스는 데뷔한 지 한 달 만에 여의도 더현대 서울에서 오프라인 MD 팝업 스토어를 오픈해 매진 행렬을 기록했는데, 이는 신인 아티스트로는 최초의 행보였다는 점에서 대중성과 팬덤을 모두 잡은 사례라고 볼 수 있다. 아이브는 데뷔 1년 만에 단일 앨범 기준 160만 장을 판매하며 블랙핑크, 에스파에 이어 세 번째로 밀리언셀러를 달성한 걸그룹에 등극했고, 언론에 따르면 뉴진스는 데뷔 두 달 만에 정산을 받았다고 언급할 정도로 높은 파급력을 증명했다 (보통 걸그룹의 수익 정산은 빠르면 1년에서 수년까지 걸리는 것으로 알려져 있다. 단순한 음원·음반의 흥행으로 인한 결과는 아니겠으나 뉴진스의 행보가

● 데뷔와 동시에 신드롬급 인기를 얻고 있는 신인 걸그룹 뉴진스. 앨범을 내놓을 때마다 국내 음반·음원 차트를 석권하며 기록을 경신하고 있다.

자료: 어도어

이례적인 것은 사실이다). 2022년 기준 블랙핑크가 데뷔 7년 차, 에스파가 3년 차인 점을 감안하면 신인 아티스트의 수익화 시점이 점점 앞당겨지고 있음을 체감할 수 있다. 걸그룹의 음반 파워가 커지고 있다는 점은 그 자체로도 주목할 만하지만, 그 이면에 숨은 의미를 파악하는 것이 더 중요하다.

예를 들어 블랙핑크를 좋아해서 음원을 재생하는 사람도, 음반을 구매하는 사람도 모두 다 블랙핑크를 좋아하는 팬이라고 할 수 있다. 그런데 요즘 대부분의 사람들은 음악을 듣기 위해 기본적으로 유튜브 뮤직이나 멜론 같은 유료 스트리밍 플랫폼을 사용한다. 따라서 음원을 재생하는 것과 아티스트의 음반을 구매하는 것은 차원이 다르다. 음반 구매는 팬덤의 충성도와 연관이 있기 때문이다. 음반 파워가 커진다는 것은 라이트 팬덤이 코어 팬덤으로 전환되기 시작했다는 의미이자 향후 콘서트 티켓이나 MD와 같은 매출로도 확장이 될 수 있는 여력이 커지기 시작했다는 의미다.

주체적이고 다양한 콘셉트를 선보이는 걸그룹이 많아지면서 걸그룹도 팬덤 중심 문화가 형성됐고, 보이그룹의 전유물로만 여겨지던 음반 파워가 이제는 걸그룹으로 확장되며 보이그룹과 걸그룹의 구분이 무관해지고 있다. 당연히 시장에서는 반에서 2등 하던 친구가 1등을 하는 것보다는 10등 하던 친구가 2등 하는 모습에 더 주목할 수밖에 없다. 이렇듯 팬덤 확장은 걸그룹의 성장을 이끌었고, 이는 주가 상승을 견인하는 모멘텀이 됐다.

4차 모멘텀의 키는
신인 아티스트와 미국 진출

팬덤의 글로벌화로 인해 아티스트의 수명 주기가 길어진 상황에서 엔터 기획사들은 내로라하는 신인 아티스트 데뷔에 열을 올리고 있다. 불과 1년 사이에 신인 아티스트는 데뷔하자마자 음반 판매량 100만 장 이상을 기록하고, 데뷔 2년 만에 돔(대형 공연장)에 입성하는 등 놀라운 성과를 보이고 있다. 과거보다 신인 아티스트의 수익화 시기가 앞당겨지면서 경쟁력 있는 신인 라인업이 향후 엔터 산업을 이끄는 중요한 모멘텀이 된 것이다.

신인 아티스트의 해외 현지화 전략

이미 하이브에서는 2023년 최소 3팀의 신인 아티스트가 데뷔할 예정이며 SM은 3팀, JYP엔터테인먼트(이하 JYP)는 4팀, YG엔터테인먼트(이하 YG)는 1팀의 신인 아티스트를 준비하고 있다. 여기서 주목할 부분은 한국뿐 아니라 일본, 중국, 미국에서도 신인 아티스트 데뷔를 준비하고 있다는 점이다. 한국에서 데뷔한 아티스트가 해외로 진출해서 성공하는 기존 방식이 아닌, 애초에 그 지역에서 데뷔시키는 현지화 전략을 추구한다는 것에 방점이 있다.

대표적으로 JYP의 니쥬NiziU와 CJ ENM의 제이오원JO1, 아이앤아이INI는 일본에서의 현지화 전략을 통해 성공적으로 자리 잡은 케이스다. 니쥬는 JYP와 소니 뮤직 재팬이 합작한 '니지 프로젝트'를 통해 선발됐고, 제이오원과 아이앤아이는 각각 〈프로듀스 101〉 재팬 시즌 1, 2를 통해 선발돼 모두 오디션 프로그램을 통해 데뷔했다는 공통점이 있다. 일본의 경우 보이그룹은 쟈니스Johnny's, 걸그룹은 야키모토 야스시Yasushi Akimoto 사단이 독점하고 있기 때문에 새로운 아이돌이 그 틈새를 뚫고 들어가기가 쉽지 않은데, 니쥬는 데뷔하자마자 오리콘 차트 1위 신기록을 세우고 데뷔 2년 만에 여성 아티스트로는 사상 최단기간 도쿄 돔 입성에 성공했다. 제이오원은 데뷔 3년 만에 대규모 아레나 투어를 진행했으며, 아이앤아이의 데뷔 싱글 앨범은 오리콘 차트 기준 초동 판매량 51만 장을 기록하며 일본 보이그룹 역대 초동 5위를 차지, 빠르게 팬덤을 쌓아 성장하고 있다. 이런 독점 시장에서 K팝 방식으로 육성된 신인 아이돌들이 좋은 성과를 보이고 있다는 점은 매우 고무적이다.

이미 일본에서의 성공 경험이 여러 차례 있을 뿐만 아니라, 일본은 미국에 이어 두 번째로 큰 음악 시장이자 한국 입장에서는 가

● 〈프로듀스 101〉 재팬 시즌 1, 2를 통해 데뷔한 제이오원과 아이앤아이. CJ ENM 산하의 일본 현지 레이블인 라포네 엔터테인먼트 소속이다. 일본의 보이그룹은 쟈니스가 독점하고 있는 상황에서, K팝 방식으로 육성된 신인 아이돌들이 좋은 성과를 보이고 있다.

자료: 라포네엔터테인먼트

장 큰 캐시카우 시장이기 때문에 국내 엔터 기획사들이 일본 현지화 전략을 추구하는 것은 어떻게 보면 당연한 결과다. 특히 오디션 프로그램은 데뷔 전부터 전 과정을 공개함으로써 탄탄한 팬덤을 쌓을 수 있기 때문에 하이브, SM, JYP 모두 오디션 방식을 통해 일본 신인 보이그룹 데뷔를 준비하고 있다. 2022년 12월 데뷔한 하이브 재팬 산하의 보이그룹 앤팀&TEAM을 시작으로 2023년 상반기에는 일본 시장 내 한국형 아이돌의 경쟁이 치열하게 이어질 것으로 예상한다.

그런데 사실 엔터 기획사들이 그리고 있는 큰 그림은 따로 있다. 진짜 관심 있는 부분은 일본에서 성공했던 현지화 전략을 과연 어떻게 미국 시장에 이식해서 성공할 수 있을지 여부다. 미국은 세계적으로 가장 큰 음악 시장이자 한국 엔터 기획사들이 아직 본격적으로 진출하지 않았기 때문에 잘만 침투한다면 충분히 시장점유율을 크게 가져갈 수 있는 기회의 땅이기도 하다. 2023년 말 데뷔를 목표로 하이브, JYP 모두 미국 현지에서 K팝 방식으로 육성된 신인 아티스트 프로젝트를 준비하고 있다.

솔로 중심의 미국 시장을 파고든 K팝 아이돌 그룹

미국 음반 산업 협회RIAA에 따르면 세계 최대의 음반·음원 시장인 미국은 2021년 기준 글로벌 음반·음원 매출(259억 달러, 한화 약 32조 원)의 58%를 차지한다. 2위인 일본보다 5배는 더 큰 규모다. 전체 매출의 83%가 스트리밍 서비스에서 발생하며 피지컬(실물) 앨범의 비중은 11%에 불과하다.

그에 비해 한국은 음반 판매량이 기하급수적으로 늘어나며 시장 성장을 견인하고 있다. 앞서 살펴봤듯이 2019년 2,500만 장에 정체돼 있던 음반 판매량은 폭발적으로 성장해 2022년에 8,074만 장을 기록했다. 미국의 음반 판매량은 2020년 3,160만 장, 2021년 4,660만 장으로 2020년부터는 이미 한국이 미국의 음반 판매량을 역전하며 꾸준한 성장을 이어가고 있다. 한국과 미국의 음악 시장이 이렇게 구조적으로 다를 수밖에 없는 이유는 무엇일까? 그 답은 아티스트의 형태에서 찾아볼 수 있다.

솔로 아티스트 중심으로 성장해온 미국은 전 세계에서 가장 큰 음반·음원 시장임에도 불구하고 앨범 판매량이 많지 않다. 음원 스트리밍을 통해 음악을 들을 수 있고, 앨범 구매가 어떤 부가가치를 창출하지 않기 때문에 굳이 실물 앨범을 살 유인이 없는 것이다. 2021년 글로벌 음반 판매량 순위를 보면 468만 장의 판매량을 기록한 아델Adele을 제외하고는 100만 장 남짓한 판매량을 보이고 있다. 반면, 글로벌 스트리밍 차트에서는 대부분 미국 솔로 아티스트들이 주도권을 잡고 있다는 점에서 미국은 팬덤 소비의 성격이 짙은 음반보다는 음원이 시장 성장을 견인한다는 것을 확인할 수 있다.

그러나 한국과 일본은 아이돌 중심으로 음악 시장이 형성돼 있기 때문에 음반이 갖는 의미가 다르다. 음반, 즉 앨범 구매는 단순히 음악을 듣기 위한 용도가 아닌 다양한 목적을 동반한다. 팬들은 앨범을 구매함으로써 팬 사인회나 팬 미팅에 참여할 수 있는 자격을 부여받기도 하고, 그 안에 들어있는 다양한 구성품들(대표적으로 포토카드)을 소장할 수 있으며, 다른 아이돌과의 초동 판매량 경쟁을 통해 팬덤 규모를 과시하기 위한 수단으로 사용하기도 한다. 그렇기 때문에 한국 음반 시장의 매출 대부분은 아이돌 팬덤으로부터 발생하며 그중 대형 기획사 4사(하이브, SM, JYP, YG) 소속의 아티스트가 차지하는 판매량이 전체의 70% 이상이다. 불과 몇 년 전까지만 해도 100만 장 이상의 앨범 판매량을 기록하는 보이그룹과 20만 장 이상을 기록하는 걸그룹은 소수 몇 팀에 불과했지만, 지금은 보이그룹은 200만 장 이상을, 걸그룹은 100만 장 이상을 바라보는 시대가 개화하고 있다.

K팝 아이돌의 빌보드 차트 진입

이러한 음반 판매의 호조가 비단 한국 시장을 넘어 글로벌 현상으로 번지고 있다. 미국에서도 K팝 아티스트의 음반 판매가 증가하기 시작한 것이다. 빌보드의 메인 앨범 차트인 빌보드 200* 차트 순위를 보면 2019년만 하더라도 방탄소년단, 블랙핑크, NCT 127, 엑소, 투모로우바이투게더TXT 정도만 차트 진입에 성공했는데, 2020년부터는 차트에 진입하는 아티스트가 더욱 다양해졌고 차트 진입 횟수 또한 계속 늘어나고 있다. 그중에서도 블랙핑크는 한국 걸그룹 역사상 최초로 빌보드 200 1위를 기록했으며, 스트레이키즈Stray Kids는 방탄소년단과 슈퍼엠SuperM에 이어 한국 보이그룹 내 세 번째로 빌보드 200 차트 1위를 기록했다. 심지어 스트레이키즈는 2022년 발매한 앨범이 모두 빌보드 200 차트 1위를 기록할 정도로 매번 커리어 하이를 경신하며 미국에서의 저변을 확대하고 있다.

2022년 연간 미국 내 앨범 판매량 순위를 살펴보면 K팝 아티스트가 7팀이나 포함돼 있다는 점이 상당히 흥미롭다. 솔로 아티스트 중심인 미국에서 그룹 형태의 K팝 아이돌이 시장에 빠르게 침투해 상위권을 차지했다는 것은 눈여겨볼 부분이다. 미국 시장이 솔로 아티스트 중심이기는 하나 그룹형 아이돌에 대한 수요가 있다는 점

---

* 빌보드에는 싱글 차트인 '빌보드 핫 100'과 앨범 차트인 '빌보드 200'의 두 메인 차트가 있다. 한 곡의 성적을 보여주는 게 빌보드 핫 100이라면, 빌보드 200은 앨범(음반)의 성적을 보여주는 차트다.

을 확인시켜주기 때문이다. K팝이 앨범 판매에서 강점이 있다는 점을 고려해볼 때, 향후 글로벌 시장의 앨범 판매량 상위권은 어쩌면 K팝 아티스트가 모두 차지하게 될 수도 있다는 상상이 불가능한 일만은 아님을 짐작게 한다.

| 2022년 미국 음반 판매량 순위 |

순위	가수	앨범	음반 판매량 (만 장)
1	테일러 스위프트	미드 나잇츠	64.0
2	방탄소년단	프루프	41.3
3	투모로우바이투게더	미니소드 2:서스데이스 차일드	22.7
4	해리 스타일스	해리스 하우스	21.9
5	스트레이키즈	오디너리	20.4
6	트와이스	비트윈 원앤투	19.9
7	스트레이키즈	맥시던트	17.7
8	엔하이픈	매니페스토: 데이 1	17.3
9	비욘세	르네상스	16.3
10	NCT	질주	14.8

● 음영 표시는 K팝 아티스트.

자료: 루미네이트

이렇게 빌보드 메인 앨범 차트와 미국 내 판매량 상위권에 한국 가수들이 이름을 올릴 수 있는 이유는 한국 시각보다는 빌보드 차트 집계 시간에 맞춰 전략적으로 앨범을 발매하는 영향도 있고, 북미 투어를 통해 확대된 팬덤이 다시 신보와 구보를 사는 선순환 구조가 형성되면서 코어 팬덤이 확대된 이유도 있다. K팝은 아직 미국에서 대중성이 부족하기 때문에 음원에서 영향력을 행사하기에는 진입 장벽이 너무 높다. 따라서 미국 시장 침투를 위해 음반 시장을 먼저 공략할 필요가 있다.

수백만 팬덤을 모으는 월드 투어

월드 투어가 가능해지자 북미를 중심으로 콘서트 투어를 시작하는 아이돌이 많아졌는데, 방탄소년단은 LA와 라스베이거스에서 스타디움 콘서트를 진행하며 8회 공연에 약 40만 명의 관객을 동원했고, 트와이스는 회당 1만 5천 명 규모의 아레나 투어 7회를 진행한 후 걸그룹 최초로 스타디움 앙코르 공연을 2회 추가하며 미국에서만 총 15만 명의 관객 모객에 성공했다.* 블랙핑크는 2022년 10월 중순부터 약 150만 명의 관객을 동원하는 초대형 월드 투어를 진행하고 있는데 북미에서만 14회, 약 21만 명 규모의 투어를 성공적으로 마무리했고, 2022년 처음으로 스타디움에 입성하며 높아진 글로벌 팬덤을 증명했다.

2019년만 하더라도 트와이스와 블랙핑크의 북미 공연은 각각

---

* 아레나arena는 보통 6천 명에서 3만 명 사이의 관객을 수용할 수 있는 대규모 공연 시설을 뜻한다. 이 같은 아레나급 공연장을 돌면서 콘서트를 여는 것을 아레나 투어라고 하며, 이보다 규모가 더 큰 경우 스타디움stadium 투어라고 한다. 일반적으로 미국에서의 아레나는 회당 1만 명, 스타디움은 회당 2만 명 이상의 규모를 말한다.

회당 1만 명 규모의 아레나 투어 3회, 6회가 전부였는데 불과 3년 만에 투어 규모가 2배 이상 커졌다. 특히 트와이스는 2023년 4월부터 시작될 다섯 번째 월드 투어에서 북미 공연을 단독 스타디움으로 구성하며 영향력을 확대하고 있다. 방탄소년단에 이어 미국에서 스타디움에 입성할 정도로 북미 팬덤이 빠르게 확대된 것이다.

걸그룹뿐만이 아니다. 2~3년 전만 해도 스트레이키즈, 세븐틴은 회당 5천 명 규모의 홀급 투어가 최대였는데 올해는 모두 아레나 투어를 진행했으며, 스트레이키즈는 2023년 3월 스타디움에서 앙코르 공연을 진행할 정도로 걸그룹에 이어 보이그룹까지 미국 시장에 빠르게 침투하고 있다. 이외에도 투모로우바이투게더, 있지, NCT 127 등 다양한 K팝 아티스트가 북미 투어를 활발히 진행하면서 미국에서의 저변을 빠르게 확대하고 있는데, 특히 미국은 다른 해외 지역 대비 회당 평균 모객 수가 많고 티켓 가격도 비싸 평균 매출이 높기에 수익성 측면에서도 좋다.

미국은 대부분 투어 공연을 통해 수익을 창출하므로 팬덤이 투어까지 연결되는 것이 중요하다. 단순히 음반에서의 성장만 있는 것이 아니라 투어 규모에서도 다양한 아티스트에게 눈에 띄는 성장이 있었던 점을 고려해보면, 미국 시장에서 K팝이 메인 스트림으로 올라오는 일이 그렇게 불가능한 것 같지는 않다. 오히려 이런 다양한 데이터들이 미국에서 그룹형 아이돌에 대한 수요가 없지 않다는 것을 방증하고 있으므로, 당연히 국내 엔터 기획사들이 현지화 전략으로 미국 신인 아티스트 개발에 관심을 가질 수밖에 없다.

- 트와이스와 블랙핑크의 북미 투어가 글로벌 팬덤을 총집결하며 성황리에 종료됐다. 2019년 이들의 북미 공연은 회당 1만 명 규모의 아레나 투어가 전부였지만, 불과 3년 만에 미국 스타디움에 입성할 정도로 팬덤 규모가 빠르게 성장했다.

자료: JYP엔터테인먼트, YG엔터테인먼트

K팝 트레이닝을 거친 미국 현지 아이돌의 출격

미국에서 성공적인 아이돌을 기획하기 위해서는 미국의 엔터 기획사 시스템을 먼저 이해해야 한다. 한국은 아티스트의 보컬, 댄스, 외국어 트레이닝부터 시작해서 음반 제작, 유통, 마케팅, 매니지먼트, MD 제작 등 모든 활동에 종합적으로 관여하는 반면, 미국은 그 역할이 다 세분화돼 있다. 활동 섭외 등을 담당하는 에이전시와 음반 기획과 유통을 담당하는 레이블Label이 전부 개별적으로 존재하기 때문에 아티스트가 이들과 독립적으로 계약을 맺는 구조다.

또한 한국은 아티스트로 키우고자 하는 연습생을 체계적인 프로그램으로 트레이닝해 데뷔시키지만, 미국은 오디션이나 유튜브 등을 통해 실력이 검증된 사람이 레이블, 에이전시와 개별 계약을 진행해 가수로 데뷔하는 경우가 많다. 당연히 오랜 시간 합숙 생활을 거치며 팀으로 길러진 한국 아이돌과는 다르게 미국은 솔로로 활동하고 싶은 니즈가 강할 수밖에 없고, 혹여나 그룹 활동을 한다고 해도 팀을 유지하고 싶은 의지가 크지 않다. 애초에 한국처럼 한 팀으로서 훈련받은 것이 아니기 때문이다.

대표적인 예가 1996년 데뷔한 보이그룹 엔싱크NSync다. 엔싱크는 데뷔하자마자 큰 성공을 거뒀고, 발매하는 앨범마다 연달아 히트하며 전 세계 시상식과 투어를 통해 막대한 수입을 올렸다. 그러던 중 가장 인기있는 멤버였던 저스틴 팀버레이크Justin Timberlake가 솔로를 선언했는데 데뷔 앨범이 무려 800만 장 이상 팔리는 쾌거를 달성했다. 이어서 발매한 2집은 1천만 장 이상 팔리면서 솔로 투어로만 약 1,500억 원에 달하는 수익을 창출했는데, 이렇듯 솔로로서의 입지가 공고해지며 사실상 팀은 해체하게 됐다.

이외에 2010년 오디션 프로그램을 통해 결성된 보이그룹 원디렉션One Direction도 있다. 데뷔하자마자 성공 가도를 달리며 정상급 아티스트에 올랐지만 2016년부터 휴식기에 들어갔고, 현재는 그룹보다는 솔로 중심의 활동을 이어가고 있다. 그중 원디렉션을 탈퇴하고 솔로로 활동하고 있는 제인 말리크Zain Malik는 그룹 활동으로는 이루지 못했던 빌보드 싱글 차트 1위를 솔로로 달성하는 쾌거를 기록했으며, 다른 멤버 해리 스타일스Harry Styles는 솔로 데뷔 앨범 발매 후 영국과 빌보드 200 차트에서 모두 1위를 기록했고 첫 솔로 투어에서만 약 754억 원의 수익을 창출했다. 그룹으로 활동할 때보다 개인으로 활동할 때 더 많은 수익이 돌아오다 보니 솔로로 활동하지 않을 이유가 없는 것이다.

솔로 활동 니즈가 큰 미국에서 국내 엔터 기획사들은 어떻게 아이돌 그룹을 만들어나갈까? 먼저 국내 엔터 기획사들이 만들고자 하는 아이돌은 한국 국적이 아닌 미국 국적을 가진 멤버들로 구성된 아이돌 그룹이다. 다만 이들을 육성하는 방식이 바로 K팝 트레이닝인 것이다. 그리고 이미 선례가 있다. 국내 기획사의 사례는 아니지만 2016년에 데뷔한 프리티머치PRETTYMUCH라는 그룹은 웨스트라이프Westlife와 원디렉션을 발굴한 사이먼 코웰Simon Cowell이 프로듀싱한 미국 보이밴드로 K팝 트레이닝 방식을 거쳐 양성됐다. 실제로 K팝 아이돌처럼 합숙 생활을 하면서 K팝 특유의 화려한 퍼포먼스를 구사하고 여전히 팀으로서 활발하게 활동 중이다.

하이브 아메리카는 유니버설 뮤직 그룹UMG 산하의 게펜 레코드Geffen Records와 협력해 글로벌 여성 팝 그룹 데뷔 프로젝트를 계획하고 있다. 하이브가 멤버 선발부터 육성, 콘텐츠 제작 등을 담당한다면, 게펜 레코드는 미국 내 글로벌 네트워크와 파트너십을 활용한 음반 제작, 마케팅 및 유통 등을 담당할 예정이다. 오디션을 통해 선발된 연습생은 하이브 아메리카에서 K팝 방식의 트레이닝을 받아 2023년 하반기 데뷔 예정이다. JYP는 유니버설 뮤직 산하의 리퍼블릭 레코드Republic Records와 협업해, 북미를 중심으로 활동할 걸그룹 데뷔 프로젝트 'A2KAmerica 2 Korea'를 준비하고 있다. 이미 2022년 9월 미국 주요 5개 도시에서 오디션을 개최했으며 여기서 선발된 연습생은 한국 본사로 이동해 K팝 트레이닝 시스템을 거쳐 2023년 하반기에 데뷔하게 된다.

한국 엔터 기획사들이 미국 내 신인 아티스트를 준비하는 과정을 살펴보면 오디션 프로그램을 통한 연습생 선발 및 트레이닝, 콘텐츠 제작은 직접 담당하되 미국 내 네트워크나 글로벌 유통을 현지 회사와 협업하는 합작 방식으로 진행하고 있음을 알 수 있다. 미국 시장에서 K팝이 메인 스트림으로 부상하는 상황에서 한국 엔터 기획사만의 IP 활용 노하우가 어떻게 이식될지 흥미롭게 지켜볼 만하다.

한 가지 재미있는 상상을 해본다면 음반 매출을 극대로 끌어올린 상황에서 추가 수익을 기대해볼 수 있는 부분이 바로 MD 매출의 확대다. 특히나 미국은 투어를 중심으로 수익 창출이 이뤄지는

● 티저 영상 공개와 함께 커다란 관심을 받고 있는 JYP의 걸그룹 데뷔 프로젝트 'A2K'. 선발된 연습생은 한국에서 K팝 트레이닝을 거친 뒤 북미에서 데뷔하게 된다.

자료: 'JYP Entertainment' 유튜브 채널

데, 아티스트별로 개성 있는 응원봉이야말로 한국에만 있는 유일무이한 공연 문화다. 최근에는 블루투스 기능을 지원해 공연하는 곡에 따라 응원봉의 색이 자동으로 변하며 장관을 연출한다. 실제로 국내 콘서트를 가보면 참석하는 팬 대부분이 손에 응원봉을 들고 있다. 응원봉 하나의 가격은 평균 3만 5천 원 정도로, 보통 공연마다 새로운 버전의 응원봉을 선보이기 때문에 응원봉 매출만 더해져도 충분히 유의미한 간접 매출의 상승이 기대된다. 이외에도 다양한 MD 상품을 비롯해 국내 엔터 기획사의 특장점인 콘텐츠 기획력이 더해질 분야가 많기 때문에, 군이 앨범이나 투어 등 아티스트의 직접적인 참여 없이도 간접 매출을 창출할 수 있는 방법은 무궁무진하다.

팬덤 문화의 무한 확장,
NFT 산업을 견인하다

간접 매출이 더해질 만한 또 다른 영역은 NFT_{Non-Fungible Token}*다. 엔터 산업은 팬덤 기반 비즈니스로 아티스트 자체에 대한 팬들의 애정 어린 소비가 뒷받침되고 있어 아티스트의 IP를 NFT화 할 수 있는 부분이 많다. NFT의 가장 큰 장점이라고 하면 지금까지 가치로 환산되지 못했던 유무형 자산을 사고팔 수 있다는 점이다. 이 가치를 정하는 데 있어 가장 핵심적인 요소는 커뮤니티인데 이미 아티스트마다 대규모의 팬 커뮤니티를 형성하고 있으므로 NFT는 엔터 기획사에 중요한 미래 먹거리 사업이 될 수밖에 없다.

이미 대부분의 엔터 기획사들이 NFT 관련 신사업을 준비하고 있다. 2021년 12월 FNC엔터테인먼트는 라인의 블록체인 네트워

---

* '대체 불가능한 토큰'이라는 뜻으로 저마다 고유성과 희소성을 지니는 디지털 자산을 뜻한다.

크인 라인 블록체인과 협업해 NFT 거래 플랫폼 '모먼트 오브 아티스트Moment of Artist'를 론칭했는데 현재는 NFT 이전 및 2차 거래를 고려해 폴리곤Polygon 블록체인 기반으로 서비스하고 있다. 2022년 10월 하이브는 블록체인 및 핀테크 전문 업체 두나무와의 합작회사인 레벨스를 통해 NFT 상품을 거래할 수 있는 플랫폼인 '모먼티카MOMENTICA'를 공식 오픈했다. 모두 소속 아티스트의 사진과 영상 콘텐츠를 디지털 형태로 소장할 수 있으며 이용자끼리의 거래도 가능하다. 특히 모먼티카에서는 아티스트의 모습을 디지털 카드인 테이크TAKE™로 기록하는데, 이 테이크는 1부터 N개의 번호를 부여한 한정 수량의 에디션으로 발행된다. 아티스트의 생일을 스페셜 에디션 넘버로 정해 해당 NFT에 특별함을 부여하고 재미를 더했다.

이외에도 큐브엔터테인먼트는 디지털 엔터 기업 더 샌드박스를 자회사로 둔 애니모카브랜즈Animoca Brands와 협업해 '애니큐브Anicube'라는 뮤직 메타버스 플랫폼을 구축했다. 큐브엔터테인먼트 소속 아티스트의 특성이 녹아 있는 NFT를 발행해 홀더(보유자)들에게는 향후 애니큐브에서 아티스트가 참여하는 온오프라인 행사의 VIP 구역에 입장할 수 있는 혜택과 프라이빗 이벤트에 참여할 수 있는 기회를 제공하는 등 다양한 프로젝트를 준비하고 있다. 단순히 NFT가 팬심을 표현하는 하나의 수단으로만 사용되는 것이 아닌, 구매자에게 실질적인 혜택을 주는 멤버십 형태의 유틸리티 NFT로 확대되고 있는 것이다.

● 여러 엔터 기획사에서 NFT와 팬덤을 결합한 새로운 서비스를 선보이고 있다. 아티스트를 활용한 NFT 상품은 한정판이라는 특징을 내세워 팬들의 수집 욕구를 자극한다.

자료: 레벨스

아티스트 IP, 엔터 산업 × NFT의 시너지를 견인하다

일반적으로 NFT가 판매되면 소유권이 구매자에게 이전되지만, 자산 자체에 대한 저작권까지 이전되는 것은 아니다. 그렇기 때문에 아티스트 IP를 보유하고 있는 엔터 기획사들은 특히나 NFT화할 콘텐츠들이 많다는 장점과 동시에 발행한 NFT 상품이 2차 시장(1차 시장에서 발행된 NFT를 거래할 수 있는 시장)에서 재판매될 때마다 판매 가격의 일정 부분을 로열티로 수취할 수 있다. 보통 로열티는 NFT가 발행될 때 창작자가 직접 설정하는데 통상 10% 수준이다. 우선 시작은 포토카드지만 음원, 팬 미팅 및 콘서트 티켓, 공연 영상, 스토리 등 다양한 콘텐츠가 NFT로 드랍(제공)될 수 있으며 이미 NFT 홀더를 대상으로 좋아하는 아티스트의 컴백 응원 배너 투표부터 아이돌 멤버 선발 투표까지 다양한 방식으로 활용되고 있기 때문에 NFT와 엔터 산업의 시너지는 그야말로 무궁무진하다. NFT를 통한 팬 경험 확장 및 온라인과 오프라인이 통합된 새로운 생태계가 형성될 수 있을 것으로 기대된다.

다만 잠재력이 큰 것은 맞지만, 무조건적인 NFT 발행은 팬덤의 반발을 일으킬 수 있기 때문에 팬들이 수용할 수 있는 범위에서 시작할 필요가 있다. 대표적인 사례가 가수 선미의 NFT 프로젝트인 '선미야 클럽'이다. NFT 홀더들을 대상으로 신규 음원을 공개하고, 해외 투어에 VIP로 참석할 수 있는 권한 및 선미와 함께하는 식사 초대권 등 다양한 오프라인 이벤트를 제공한다는 로드맵을 발표했는데, 정작 팬클럽마저도 제대로 누리지 못했던 혜택들을 NFT 홀더에게 제공한다고 하자 팬클럽에서 큰 반발이 일어난 것이다.

그럼에도 NFT는 충분한 이해를 바탕으로 합리적인 가격에서 거래되기만 한다면 팬들도 실질적인 혜택을 누리면서 수익 창출까지 가능한 건강한 팬덤 문화가 형성될 수 있는 잠재력이 큰 분야다. 다만 이 모든 일들이 가능해지려면 가상 자산 시장의 회복이 전제가 돼야 하며, 시장 성장에 따른 본격적인 수익화 시점에 대해서는 장기적인 시각으로 바라볼 필요가 있다.

3장

메타버스를 누비는 신인류,
버추얼 휴먼

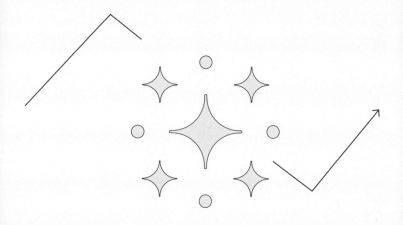

버추얼 휴먼,
일상을 파고들다

용어 자체는 새로울 수 있지만, 우리는 이미 버추얼 휴먼을 경험했다. 1998년 1월 데뷔한 사이버 가수 아담을 기억하는가? 당시 무려 20만 장 이상의 앨범을 판매했고, 광고 시장에서도 인기가 많아 3개월 만에 5억 원의 수익을 벌어들였다. 그야말로 가상 인플루언서의 시초였던 셈이다.

20여 년이 흐른 지금, 전 세계에서 다양한 버추얼 휴먼이 등장하고 있는데 그중에서도 가장 유명한 버추얼 휴먼은 릴 미켈라Lil Miquela다. 19살의 브라질계 미국인으로 300만 명 이상의 SNS 팔로워를 보유한 릴 미켈라는 패션, 명품, 화장품 등의 광고 모델 및 가수로 활동하며 2022년 한 해 동안 무려 130억 원 이상의 수입을 벌어들였다. 이외에도 영국에서는 남아프리카 출신의 디지털 모델 슈두Shudu가 다양한 명품 브랜드와의 협업을 통해 모델로서의 커리어를 확장하고 있고, 일본에서는 이마HMMA가 가상 인플루언서로 이름을 알리고 있다.

물론 한국에도 유명한 가상 인플루언서가 있다. 최근 광고에서 많이 보이는 로지는 국내 최초 가상 인플루언서로 2020년 8월 등장해 1년 만에 10억 원의 수익을 벌어들였다. 로지의 인기에 힘입어 한유아, 나수아, 루이 등 수많은 버추얼 휴먼들이 등장하며 활발하게 본인의 커리어를 확장하고 있다.

| 국내외 주요 버추얼 휴먼 현황(등장 연도 순) |

이름 (국적)	등장 시기	직업	제작사	주요 이력
루 도마갈루 (브라질)	2009	마케터	마갈루	• 브라질 최대 소매 업체 마갈루의 홍보 모델 • 아디다스 마케팅 캠페인 참여 • 레드불 브랜드 카툰 출연
릴 미켈라 (브라질계 미국)	2016	모델	브러드	• 2018년 《타임》 인터넷 인플루언서 25인 선정 • 샤넬, 캘빈클라인, 프라다 등 명품 패션모델 • 삼성 갤럭시s10 홍보 캠페인 참여 • 싱글 11개 발매, 스포티파이 월 청취자 17만 명
슈두 (남아프리카)	2017	모델	카메론 제임스 윌슨	• 발망, 엘리쎄 등 유명 브랜드 모델 • 삼성 z플립 모델
누누리 (독일)	2018	모델	Joerg Zuber	• 디올 캠페인 참여 • KKW 뷰티 광고 모델 • 렉서스 광고 모델
이마 (일본)	2018	모델	AWW	• 이케아 모델 • 베이프, 캘빈클라인 등의 패션모델 • SK-II, 아마존, 매그넘 등 다양한 업종 모델
달라시아 (인도네시아)	2018	인플루 언서	Magnavem 스튜디오	• 싱글 〈Be happy〉 발매
버뮤다 (미국)	2018	인플루 언서	브러드	• 싱글 〈Under the bridge〉 발매

구기몬 (미국)	2019	인플루 언서	슈퍼 플라스틱	• 구찌 컬래버레이션 NFT 발행 • 포트나이트와 협업, 게임 캐릭터 출시
로지 (한국)	2020	모델	싸이더스 스튜디오X	• 신한라이프 광고 모델 • 쉐보레 EV 광고 모델 • 패션 잡지 《더블유코리아》 커버 모델 • 반얀트리호텔 광고 모델
김래아 (한국)	2020	가수	LG전자	• 2021 CES 온라인 컨퍼런스에서 LG 대표로 PT 발표 • 2022년 1월, 미스틱과 파트너십 체결
루이 (한국)	2020	유튜브 가수	디오비 스튜디오	• K팝 커버 유튜브 채널 '루이커버리' 운영 • 문화체육관광부 누리 홍보대사 • 한국관광공사 명예 홍보대사
세라핀 (중국)	2020	가수	라이엇 게임즈	• 버추얼 아이돌그룹 'K/DA' 앨범 참여 • 작업물 사운드클라우드에 공개
루시 (한국)	2021	마케터	롯데홈쇼핑	• 롯데홈쇼핑 홍보 모델 • 쌍용차 신차 발표회 마케터 활동 • 롯데홈쇼핑 라이브 커머스 방송 출연 • 롯데제과 광고 모델
이터니티 (한국)	2021	아이돌	펄스나인	• 싱글 〈I'm Real〉 데뷔 및 싱글 4개 발표 • 싱글 〈DTDTGMGN〉 뮤비 조회 수 600만 돌파 • 아리랑 방송 Super K-POP 출연
수아 (한국)	2021	모델	넵튠 (온마인드), SK스퀘어	• SK텔레콤 에이닷티비 광고 모델 • 태국 광고회사 DDD 전속 모델 • 유니티 광고 모델
샘 (브라질)	2021	마케터	삼성, 제일기획	• 삼성전자 브라질 법인 DX 부문 교육용 캐 릭터
한유아 (한국)	2021	가수	스마일 게이트, 자이언트스텝	• 희망친구 기아 대책 홍보대사 • 싱글 〈Like that〉 발매

● 음영 표시는 국내에서 활동하거나 국내 기업이 제작한 버추얼 휴먼.

자료: 보도자료 참고해 직접 제작

불과 1~2년 전만 해도 버추얼 휴먼이라고 하면 어딘지 모르게
부자연스러운 모습에 불쾌함과 거부감이 먼저 들었는데, 최근 등장

● 국내 최초의 버추얼 휴먼이었던 사이버 가수 아담과 2020년 등장해 활발한 활동을 펼치고 있는 로지. 기술의 발전으로 인해 이질감이 상당수 사라지고 자연스러운 모습을 갖추게 됐다.

자료: 아담소프트, 싸이더스스튜디오X

하는 버추얼 휴먼은 실제 사람이라고 착각할 정도로 자연스럽고 정교해졌다. 국내 최초의 버추얼 휴먼인 아담과 로지만 보더라도 이들을 만들어내는 컴퓨터 그래픽 기술이 눈에 띄게 발전했음을 느낄 수 있다. 아담은 20년 전의 컴퓨터 그래픽 기술로 만들어져 비현실적인 외모를 가지고 있었고, 무엇보다 얼굴을 감춘 실존 가수가 따로 존재해 이질감이 크게 느껴졌다. 당연히 개발 비용도 많이 들어 상용화되기가 쉽지 않았다. 그러나 그사이에 기술이 빠르게 발전하며 수많은 장비를 부착한 모델의 움직임 정보를 토대로 버추얼 휴먼을 만들어내는 모션 캡처 기술이 상용화되기 시작했고, 지금은 여기서 더 나아가 신체 기관과 근육의 세밀한 움직임을 파악하고 예측하면서 더 자연스럽고 정교한 움직임을 만들어내는 단계까지 발전했다.

그렇다면 버추얼 휴먼은 어떻게 만들어질까? 버추얼 휴먼은 세 가지 형태로 구분할 수 있는데, ① 머리부터 발끝까지 모두 새롭게 만들어내는 3차원 기술 기반의 버추얼 휴먼과 ② 원래 존재한 형체에 인공지능AI 기술을 더해 눈, 코, 입만 바꾸는 2D 딥페이크 기술 기반의 버추얼 휴먼, 그리고 ③ 리얼타임 엔진을 활용해 실시간으로 구동하는 버추얼 휴먼으로 나눌 수 있다.

무에서 유를 창조하는 3D 기반의 버추얼 휴먼은 섬세하고 정교한 작업이 가능하기 때문에 뛰어난 현실감을 자랑하지만, 완성도를 높이기 위해서는 상당한 비용과 시간이 필요하다. 평균적으로 최소 1년 이상의 시간과 5억 원 이상의 비용이 투입되는 것으로 알려져 있다. 대표적인 3D 기반의 버추얼 휴먼으로는 우리에게도 익숙한 로지, 한유아 등이 있으며 실제 사람인 듯한 자연스러움과 정교함을 바탕으로 주로 광고 모델, 인플루언서로 활동하고 있다.

그에 비해 2D 기반의 딥페이크 기술로 만들어진 버추얼 휴먼은 빠르면 하루 만에도 구현될 수 있으며 제작 비용도 약 1천만 원 내외로 상대적으로 부담이 덜하다. 대표적인 2D 기반의 버추얼 휴먼으로는 유튜버 루이, 걸그룹 이터니티 등이 있다. 특히 이터니티의 멤버 제인은 2022년 12월부터 지상파의 생방송 프로그램에 리포터로 고정 출연할 정도로 극강의 자연스러움을 자랑하는데, 제인이 이렇게 실시간 소통이 가능한 이유는 얼굴만 딥러닝 기술로 구현됐기 때문이다. 실시간 대화나 영상 촬영, 온라인 팬 미팅 등을 진행할 때는 버추얼 휴먼의 얼굴을 익명의 가수나 배우에게 합성하는 방식으로 이뤄진다. 초반에는 표정이나 각도에 따라 얼굴이 부자연스러워 거부감이 많이 들었는데, 최근에는 생방송에 진출할 정도로 실시간 적용 기술이 발전하며 생동감을 불어넣고 있다.

리얼타임 엔진을 활용한 버추얼 휴먼으로는 네이버 쇼핑라이브에서 쇼호스트로 활동하는 이솔과 크래프톤의 애나가 대표적이다. 기존 3D 기반의 버추얼 휴먼 대비 제작 시간의 단축을 이끌었으며 실시간 대화나 방송 등 다양한 형태의 콘텐츠에 출연하며 활동 영역을 확대하고 있다.

이렇게 큰 비용이 들고 정교한 기술이 필요하며 불쾌한 골짜기[*] 이슈에서 자유로울 수 없는데도 많은 기업들이 앞다퉈 버추얼 휴먼을 개발하려는 이유는 무엇일까? 향후 발전 가능성이 크고 활용성이 다양하기 때문이다. 블룸버그에 따르면 버추얼 휴먼 시장 규모는 2020년 2조 4천억 원에서 2025년 14조 원으로 늘어나 실제 인간 인플루언서 시장 규모를 추월할 것으로 전망된다. 버추얼 휴먼은 외모

- 같은 버추얼 휴먼이어도 제작 기술과 방식은 다양하다. 3차원 기술 기반의 버추얼 휴먼인 한유아(왼쪽)와 2D 기반의 딥페이크 기술로 완성된 루이(가운데), 그리고 리얼타임 엔진을 활용해 제작된 애나(오른쪽).

자료: 스마일게이트, 디오비스튜디오, 크래프톤

---

* 버추얼 휴먼과 관련해 '불쾌한 골짜기'라는 이론이 있다. 인간이 인간과 흡사한 존재를 보게 될 경우 그 대상에서 인간성을 발견하면서 호감도가 증가하다가, 그 유사성의 정도가 특정 수준에 이르면 오히려 강한 불쾌감을 느껴 호감도가 급하락하며, 인간과 거의 구별이 불가능할 정도로 유사해지면 다시 호감도가 급상승한다는 것이다.

부터 연령, 성별, 성격, 스타일 등을 원하는 이미지대로 창조할 수 있고 사생활 문제에서 자유로우며, 시공간의 제약이 없어 물리적 한계가 없고 비용적인 측면에서도 장점이 있다. 생산성이 무한대에 가깝고 사업 목적에 따라 연기, 음악, 인플루언서 등 다양하게 활용이 가능하다. 오늘날 버추얼 휴먼이 본격적으로 상용화됨에 따라 관련 시장은 더 커지고 다양해질 것으로 전망된다.

이러한 변화가 무조건적으로 옳다는 것은 아니다. 다만, 시대의 흐름이 어떻게 변화하고 있는지 파악하는 것은 중요하다. 버추얼 휴먼이 새로운 가치를 창출하며 인간과 함께하는 균형 잡힌 발전이 이뤄진다면 사업 전반에 새로운 변화의 바람이 불어오게 되지 않을까?

버추얼 아이돌의 등장

세계관을 메타버스로 조금 더 확장해보자. 버추얼 휴먼이 주로 현실 세계에서 인플루언서나 광고 모델로 활발하게 활동한다면, 버추얼 아이돌은 가상 세계에서 활발히 활동하는 존재들이다. 주로 2D 캐릭터로 구현되는 경우가 많아 서브컬처Subculture(하위문화)로 분류되는데, 가장 잘 알려진 버추얼 아이돌로는 걸그룹 이세계 아이돌을 꼽을 수 있다. 게임 스트리밍 플랫폼인 트위치Twitch 국내 랭킹 1위(전 세계 랭킹은 26위, 2023년 1월 기준)의 유명 스트리머이자 게임 방송을 수면 위로 떠오르게 한 1세대 게임 방송인 우왁굳이 기획한 프로젝트를 통해 탄생했으며, 무려 네 번에 걸친 치열한 오디션을 통해 최종 6명의 멤버가 선발돼 2021년 12월 정식 데뷔했다. 멤버 모두 2D 기반의 캐릭터이며, 국내에서 최초로 선보인 버추얼 걸그룹이라는 점에서 의미가 있다.

벌써 두 번째 싱글 앨범을 발매했는데 데뷔곡은 실시간 스트리밍 차트에서 1위를 차지하고 공식 뮤직비디오 조회 수는 1천만 뷰를 가뿐하게 넘기는 등 성공적으로 이름을 알렸다. 이미 팬 미팅과 쇼케이스도 진행했으며, 2023년 중으로 카카오페이지와 카카오웹툰을 통해 이들을 소재로 한 웹툰도 연재될 예정이다.

한편, 2022년 7월에는 우왁굳과 함께 활동하는 버추얼 캐릭터들이 참여한 하나은행 광고가 공개됐는데, 가장 보수적이라고 할 수 있는 제도권 금융사에서 버추얼 유튜버를 공식 광고 모델로 선정했다는 점에서 버추얼 유튜버 시장이 빠르게 성장하고 있음을 체감할 수 있다.

버추얼 아티스트를 뽑는 오디션 프로그램도 많이 만들어지고 있다. 2021년 9월 미국판 〈복면가왕〉인 〈더 마스크드 싱어The Masked Singer〉의 인기에 힘입어 미국 폭스Fox에서 제작 및 방영한 〈얼터 에

● 2021년 12월 17일 디지털 싱글 앨범 'RE: WIND'를 발매하며 정식으로 데뷔한 6인조 버추얼 걸그룹 이세계 아이돌.
자료: 왁 엔터테인먼트

고Alter Ego)라는 프로그램이 있다. 세계 최초의 아바타 노래 경연 프로그램으로, 20명의 참가자가 무대 뒤에서 노래하면 모션 캡처 기술을 통해 관객과 심사위원 앞에 그의 아바타가 퍼포먼스를 그대로 선보여 심사를 받는 프로그램이다. 국내에서도 2022년 하반기 〈아바타 싱어〉라는 비슷한 프로그램이 방영됐는데 유명 가수가 자신의 정체를 숨기고 무대 뒤에서 노래하면 그의 아바타가 100인의 팔로워 앞에 등장해 퍼포먼스를 선보이는 방식이다. 모두 TV 채널에서 방영하며 기존에는 없던 새로운 시도를 했다는 점에서는 의미 있지만, 활동이 일회성에 그친다는 점에서는 다소 아쉬움을 남겼다.

한편, 최근 국내 대기업을 중심으로 버추얼 아이돌 데뷔 프로젝트가 하나씩 가시화되고 있는데, 그 첫 번째가 카카오엔터테인먼트에서 공개한 〈소녀 리버스〉다. 전·현직 걸그룹 멤버 30명이 버추얼 아이돌로 데뷔하기 위해 경연을 펼치는 서바이벌 프로그램으로 최종 5인에 선정되면 버추얼 아이돌로 데뷔해 활동할 수 있다. 앞의 두 프로그램과는 다르게 'VRChat'이라는 가상 현실 소프트웨어를 토대로 제작이 이뤄진다. 이를 통해 가상 현실과 메타버스에 익숙한 젊은 시청층이 거부감 없이 해당 세계관을 받아들이며 서사에 몰입할 수 있다는 점이 특징적이다. 이외에도 2023년 1월 넷마블과 카카오엔터테인먼트가 협업해 만든 버추얼 아이돌 메이브가 데뷔하며 글로벌 시장을 타깃으로 활발하게 활동을 이어 나갈 예정이다.

다양한 형태의 버추얼 아이돌이 우리의 삶 속에 조금씩 침투하고 있다. 아직 시장이 성장 초기 단계에 있기 때문에 당장 눈에 보이

● 메타버스에 기반
한 다양한 버추얼 아
이돌이 시장을 공략
할 예정이다.

자료: 카카오엔터테인먼
트, 메타버스엔터테인먼트

는 유의미한 성과를 확인하기는 쉽지 않다. 하지만 미디어 산업 내
에서 메타버스로의 전환은 거스를 수 없는 흐름이며 이 생태계를
구성하는 중요한 일원 중 하나가 버추얼 아바타와 버추얼 휴먼인
점 역시 부인할 수 없다. 지금은 확 와닿지 않더라도 버추얼 시장에
계속 관심을 가져야 하는 이유는 명확하다. 향후 20~30년 뒤의 핵
심 소비 주체가 디지털에 익숙한 지금 세대이기 때문이다.

쉽게 생각해 2000년대 초반의 싸이월드를 떠올려보면 된다. 싸이월드는 사실 일촌(지인)들과 소통을 하는 기능도 있었지만, 그 안의 미니미(아바타)와 미니홈피를 꾸미는 것으로 큰 인기를 끌었다. 온라인 공간의 또 다른 자아인 내 아바타에게 예쁜 옷을 입히고 좋은 집을 선물해주기 위해 열심히 도토리를 모았던 기억이 있을 것이다. 지금은 그 플랫폼이 로블록스, 마인크래프트, 제페토 등으로 확대된 것이고 그 안에서 뛰어노는 아바타가 버추얼 휴먼, 버추얼 아이돌로 확장됐을 뿐이다. 메타버스에 대한 수요가 커질수록 더 많은 버추얼 휴먼, 버추얼 아바타가 등장할 것이다. 메타버스 생태계를 만들어가고 있는 다양한 기업들에 대한 꾸준한 관심이 필요한 이유다.

즐기면서 돈도 번다,
엔터 산업 투자 실전 가이드

엔터 산업에 투자하는 방법은 다양하다. 개별 종목에 투자할 수도 있지만 특정 테마 아래 여러 종목을 한데 묶은 ETF나 콘텐츠 그 자체에 투자하는 방법도 있다. 2부에서는 엔터 산업을 즐길 수 있는 다양한 투자 방법을 소개한다. 이외에 미디어, 채널 사업 공급자, OTT, 콘텐츠, 극장, 드라마 제작사, 엔터 기획사, 플랫폼, VFX 등 엔터 산업 안에서도 각 분야를 구분해 그 안에 속한 유망 종목들을 소개한다.

4장

엔터 산업 투자의 정석

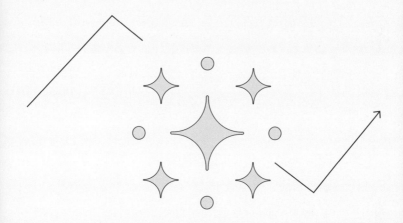

엔터 산업을 이끄는
기업에 투자하기

관심 있는 기업의 주식에 투자하기

엔터 산업에 흥미가 생겼을 때 가장 쉽게 할 수 있는 투자 방법은 주식시장에 상장된 기업의 주식을 사는 것이다. 엔터 산업 내에서도 채널 사업자, 드라마 제작사, 웹툰 제작사, 극장 사업자, 영화 배급사, 콘텐츠 유통사, 플랫폼 운영사, 엔터 기획사, 광고 기획사 등 너무나도 다양한 분야의 기업이 존재하기 때문에 먼저 관심이 있는 산업 분야를 정한 다음, 투자 대상 기업을 골라야 한다.

예를 들어 드라마 제작사에 투자하기로 결정했다면 스튜디오 드래곤, 콘텐트리중앙과 같은 대형 제작사에 투자할 것인지 혹은 에이스토리, 팬엔터테인먼트, 삼화네트웍스, 키이스트, NEW, 초록뱀미디어, 래몽래인 등의 중소형 제작사에 투자할 것인지도 정해야 한다. 같은 드라마 제작사라고 해도 영위하고 있는 비즈니스 모델이 서로 다르기 때문에 개별 기업에 투자할 경우에는 산업 전반에 대한 이해도 중요하지만, 투자하고자 하는 기업에 대한 이해가 더욱 중요하다. 2022년 하반기에 큰 인기를 끈 드라마 〈재벌집 막내아들〉을 떠올려보자. 당연한 말이지만 드라마가 잘되면 제작사인 콘텐트리중앙과 래몽래인의 주가가 오르지, 관련 없는 다른 제작사의 주가가 오르지는 않는다.

그래도 고민된다면, ETF

만약 투자하고 싶은 기업이 너무 많거나 개별 기업에 대한 판단이 명확하게 서지 않을 경우, 엔터 산업 자체에 투자하는 방법도 있다. 바로 상장지수펀드인 ETFExchange Traded Fund에 투자하는 방법인데, ETF는 특정 주가지수의 움직임에 따라 수익률이 결정되는 펀드로서 주식처럼 거래가 가능한 것이 특징이다. ETF에 투자하면 여러 개의 미디어·엔터 기업에 분산 투자하는 것이기 때문에 상대적으로 투자 리스크를 낮출 수 있다는 장점이 있다. 국내에 상장된 미디어·엔터 관련 ETF는 5장에서 자세히 살펴볼 예정이다. 메타버스 산업과 관련된 ETF는 10개 이상으로 미디어나 콘텐츠 산업에 비해 상대적으로 다양한 ETF가 상장돼 있으며, 국내뿐 아니라 해외 기업까지 폭넓게 다루고 있다.

한편, 하나의 테마 안에서도 어떻게 포트폴리오를 구성하는지에 따라 ETF의 수익률이 다르기 때문에 기초지수, 편입종목, 편입 비중 등을 꼼꼼히 살펴보고 나의 목적과 맞는 상품에 투자해야 한다. 예를 들어 TIGER 미디어컨텐츠는 드라마 제작사와 엔터 기획사 중심으로 포트폴리오가 구성돼 있지만, KODEX 미디어&엔터테인먼트는 게임 및 플랫폼 기업 중심으로 포트폴리오가 구성돼 있기 때문에 미디어 콘텐츠 쪽에 더 비중을 두고 싶은지, 게임 쪽에 더 비중을 두고 싶은지에 따라 투자 대상을 선택해야 한다. 같은 산업군에 있는 ETF라도 편입종목에 따라 성격이 다르기에 내가 관심 있는 종목을 더 많이 포함하고 있는 상품을 찾아본 후에 투자하면 도움이 된다.

콘텐츠에 직접 투자하기

내가 블록버스터 영화의 투자자가 된다? 펀더풀

주식 말고 콘텐츠 자체에 직접 투자하는 방법도 있다. 대중적으로 많이 알려진 콘텐츠 투자 플랫폼으로는 2021년 3월 서비스를 시작한 '펀더풀'이 있다. 드라마나 영화, 전시 등 다양한 콘텐츠를 프로젝트 투자 상품으로 제공하고, 일정 기간 투자 후 만기가 도래하면 수익을 정산해주는 방식으로 운영된다. 일반 투자자의 경우 하나의 프로젝트에 최대 500만 원까지 투자할 수 있고 프로젝트의 흥행 정도에 따라 투자수익률이 정해지며 수익을 정산받는다.

예를 들어 영화의 경우 극장과 극장 외 매출을 합산한 총매출이 순 제작비와 개봉 비용 등을 포함한 총비용을 초과할 경우 수익이 발생하는 구조다. 드라마는 최고 시청률에 연동해서, 전시는 유료 관객 수에 연동해 투자 수익을 제공한다. 해당 콘텐츠가 흥행했

• '누구나 할 수 있는 간편하고 재미있는 투자'를 지향하는 펀더풀. 2023년 1월 기준 48개의 프로젝트에 137억 원의 청약 금액을 달성했다.

자료: 펀더풀

을 경우 투자 수익을 얻을 수 있는 것은 물론, 개봉 전 시사회 초청이나 영화 예매권 제공 등 투자자에게 다양한 혜택을 부여한다는 것이 장점이다.

　다만 모든 프로젝트가 성공하는 것은 아니다. 문화 콘텐츠 전문기업 가우디움어소시에이츠가 주최한 〈앙리 마티스〉 전시는 총 451명이 투자에 참여해 목표 대비 196%의 모금액(5억 8,930만 원)을 달성하며 빠르게 투자금 모집이 완료됐지만, 영화 〈해적: 도깨비 깃발〉은 목표 대비 18%밖에 달성하지 못하며 투자금 모집에 실패해 그대로 프로젝트가 종료됐다. 참고로 투자금 모집에 성공한 〈앙리 마티스〉 전시의 경우 약 10%의 수익률(세전)을 기록했다. 즉, 최소

펀딩 금액이 정해져 있기 때문에 나만 좋다고 해서 바로 투자를 하고 그에 따른 수익을 얻을 수 있는 것이 아니라 대중들에게 많은 관심을 받아야 비로소 투자가 시작된다는 점을 기억해야 한다.

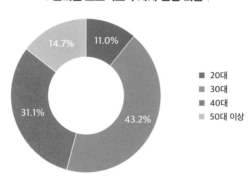

| 펀더풀 프로젝트 투자자 연령 비중 |

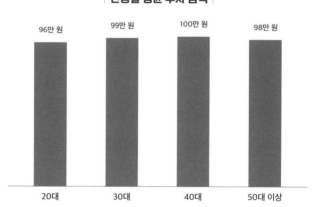

| 연령별 평균 투자 금액 |

자료: 펀더풀

좋아하는 음악에 투자하라, 뮤직카우

영화나 전시 같은 콘텐츠뿐 아니라 내가 좋아하는 가수의 음악에 투자하는 플랫폼도 있다. 세계 최초 음악 저작권 거래 플랫폼인 '뮤직카우'는 주식처럼 음악 저작권에 투자하고 거래할 수 있는 서비스를 제공한다. 엄밀히 말하면 해당 곡의 저작권을 보유하는 것은 아니고, 투자한 곡에 대한 저작권료를 매달 받을 수 있는 권리인 '저작권료 참여 청구권'을 사고팔 수 있는 기능을 제공한다. 증권 전산 전문 회사 코스콤과의 협력으로 'MCPI Music Copyright Property Index'라는 음악 저작권 지수를 개발해 매일의 시장 흐름을 한눈에 확인할 수 있으며, 투자 방법은 주식을 거래하는 방식과 동일하다.

사고 싶은 곡의 구매 단가와 수량을 적어 매수 주문을 걸어 놓으면 해당 가격에 매도하겠다는 매도자와 거래가 자동 체결되며, 판매 역시 동일한 방식으로 이뤄진다. 투자자들은 구매한 저작권의 보유 지분만큼 매달 저작권료(저작권료 참여 청구권)를 정산받으며 주식과 유사하게 보유 지분 매매를 통한 시세 차익도 얻을 수 있다. 보유한 곡이 역주행을 하거나 매체 혹은 공연에서 갑자기 인기를 얻게 될 경우 시세가 급등하게 되는데, 2021년 역주행의 신화를 쓴 브레이브걸스의 '롤린'이 대표적이다. 당시 2만 3천 원 수준에 거래되고 있던 '롤린'은 역주행에 성공하면서 시세가 115만 원까지 급등했고 저작권료 상승뿐 아니라 시세 차익까지 확대되며 높은 투자 수익률을 기록했다. 뮤직카우는 2022년 말 기준 누적 회원 수 약

● 좋아하는 음악을 즐기며 돈도 벌 수 있다면?
듣기만 하던 음악을 IP 투자에 접목한 음악
저작권 투자 플랫폼이 등장했다.

자료: 뮤직카우

120만 명, 누적 거래액 약 4천억 원을 기록하며 빠르게 외형을 확대
해가고 있다. 현재 거래 가능한 곡은 1,400여 곡(2022년 1분기 기준)
이며, 저작권자(작사·작곡가), 저작인접권자(음악제작자), 실연자(가
수)의 다양한 권리가 얽혀 있어 아직은 국내 곡으로만 거래가 진행
되고 있다.

엔터 산업 투자 전
확인해야 할 모든 것

1. 시장 흐름과 매크로 환경 읽기

엔터 산업, 그중에서도 특히 콘텐츠 분야는 작품의 흥행이 기업의 실적이나 주가를 견인하기 때문에 해당 콘텐츠의 흥행 여부가 투자에 있어 가장 중요한 판단 기준이 된다. 물론 다른 산업군에 비해 콘텐츠 산업은 이제 성장기에 도달했다는 점에서 앞으로의 가능성과 그 잠재력은 무궁무진하지만, 그만큼 작은 정보 하나에도 민감하게 영향을 받으며 대중들의 반응에 따라 등락이 클 수밖에 없는 게 사실이다.

넷플릭스 구독자가 감소했을 때 실제로는 전혀 관계가 없었지만 한국 시장 투자를 줄일 것에 대한 우려가 국내에 번져서 국내 제작사들의 주가를 끌어내렸다. 이러한 사례에서 알 수 있듯이 아무리 제작사들의 역량이 뛰어나고 콘텐츠 라인업이 좋다고 해도 OTT 및 방송 채널 사업자들의 상황도 늘 예의주시하고 함께 고려할 필요가 있는 것이다.

K팝을 비롯한 연예 산업은 더 빠르고 민감하게 반응한다. 사람 중심의 비즈니스다보니 콘텐츠 산업에 비해 더 예민하게 움직일 수밖에 없는데, 실제로 방탄소년단의 군입대가 결정되던 날 소속사인 하이브의 주가는 25% 하락했다. 대중적으로 관심이 큰 분야인 만큼 주가에 영향을 끼칠 만한 뉴스에 발빠르게 대응할 필요가 있으며 기획사별 핵심 아티스트의 활동이 위축되거나 확대될 만한 이벤트에 항상 관심을 가지고 지켜봐야 한다.

매크로 환경*도 마찬가지다. 콘텐츠 기업들은 대부분 성장주이기 때문에 금리 인상 국면에서는 상대적으로 투자 매력이 떨어지는 경향이 있다. 한편, 엔터 기획사들은 꾸준한 증익(지난 결산기에 비해 이익이 증가함)을 보여주며 시장에 상대적으로 잘 방어하는 모습을 보여왔음에도 불구하고, 항상 실제보다 가치가 높게 평가되고 있다는 고밸류 논란에 휩싸이는 편이다. 따라서 엔터 산업에 투자하기 위해서는 대외적인 환경을 먼저 고려해서 투자 판단을 해야 한다. 아무리 산업의 전망이 긍정적이라고 해도 시장 상황(대외 환경)이 성장주에 박한 분위기라면 주가 흐름이 좋지 않을 테니 말이다.

---

* 주식시장에서 매크로는 시장에 영향을 주는 거대한 흐름을 의미 한다. 매크로 환경은 외부 환경, 즉 대외적인 환경을 통칭하는 용어로 단순히 외부 환경만을 의미하기보다는 경제적인 환경과 영업 환경 등을 아우르는 개념이다.

2. 콘텐츠 분석

콘텐츠 자체에 대해서도 공부할 필요가 있다. 트렌드에 민감하고 발 빠르게 변화하는 업계 특성상 시기별로 흥행하는 콘텐츠를 공부해두면 투자 판단에 도움이 된다. 예를 들어 2022년 초만 해도 좀비물과 같은 장르물이 글로벌 흥행을 이끌었는데, 여름부터는 따뜻한 휴머니즘에 바탕을 둔 콘텐츠가 흥행 장르로 부각되기 시작했다. 대표적으로 2022년 초 〈지금 우리 학교는〉의 대성공 이후 〈괴이〉, 〈돼지의 왕〉 등 장르물 중심의 콘텐츠들이 쏟아져 나오다가, 2022년 여름 〈우리들의 블루스〉를 시작으로 〈이상한 변호사 우영우〉 등 편하게 볼 수 있는 콘텐츠가 많이 공개되며 분위기가 전환됐다. 시기에 따라 흥행하는 콘텐츠 트렌드를 파악해두면 해당 종목을 투자 판단하는 데 있어 도움이 될 것으로 보인다.

연예 분야도 마찬가지다. 2022년이 걸그룹이 성장하는 한 해였다면, 2023년은 걸그룹의 성장이 이어지는 가운데 보이그룹이 상단을 열어주며 산업 성장을 견인할 것으로 전망된다. 2023년 새로 데뷔하는 신인 라인업이나 오디션 프로그램만 보더라도 보이그룹이 대부분이며 제대하는 아티스트가 많아 모든 기획사의 보이그룹 라인업이 풍성할 것으로 보인다. 따라서 이러한 보이그룹이 메인 타깃으로 하는 시장은 어디고 앨범 판매량, 투어 지역이 얼마나 확대될 수 있을지 가늠해보면 어떤 종목이 매력적인지 투자 판단하는 데 도움이 될 것으로 보인다.

3. 산업 및 소비 트렌드 파악

대외 매크로 환경, 전방 산업의 상황, 콘텐츠 매력도 등 엔터 산업에 투자하기 위해서는 다양한 요인들을 복합적으로 고려해야 하지만, 역시 가장 중요한 것은 트렌드 파악이다. 하루가 다르게 빠른 속도로 변화하고 성장해가는 산업이기 때문에 지금 흥행하고 있는 트렌드가 앞으로 어떻게 확대되고 어떤 파급효과를 낳을 것이며, 어떤 문화가 새롭게 부각될지 공부하다 보면 매력적인 투자 기회가 다가올 수밖에 없다.

지금 당장 시도해볼 수 있는 방법으로는 SNS가 있다. 그중에서도 트위터나 틱톡, 릴스, 쇼츠와 같은 숏폼을 조금이나마 사용해보자. 향후 10년, 20년 뒤 소비의 주축이 되는 Z세대의 관심사를 미리 파악할 수 있는 중요한 플랫폼이기 때문이다.

대표적인 숏폼 플랫폼 중 하나인 틱톡을 예로 들어보자. 데이터 및 앱 분석 플랫폼 데이터닷에이아이data.ai에 따르면 틱톡은 2022년에만 30억 달러의 소비자 지출액을 달성했으며, 2022년 4분기를 기준으로 누적 다운로드 수 35억 회를 넘어서며 유튜브와의 차이를 2배 이상 벌린 것으로 나타났다. 아직까지 한국에서는 다소 생소할 수 있지만 틱톡이 글로벌 시장에서 인기를 끌게 된 배경은 15초 내의 짧은 영상 길이, 그리고 해시태그를 통한 공유 기능을 통해 Z세대 문화에 빠르게 스며들었기 때문이다. 특히 온라인상에서 유행하는 콘텐츠를 빠르게 밈meme화 하면서 기업의 홍보나 프로모션은 물론, K팝 아티스트의 활동에도 이제 틱톡 챌린지는 선택이 아닌 필수가 됐다.

한 예로 뉴진스의 데뷔곡 '하입보이'가 큰 흥행을 거두게 된 배경을 살펴보면 인터넷에서 밈으로 이어지는 콘텐츠가 릴스, 쇼츠, 틱톡을 통해 Z세대 사이에 빠르게 퍼지면서 대중적 인지도가 높아졌고, 다양한 유저들이 댄스 챌린지에 참여하면서 글로벌 시장에서의 영향력이 확대됐기 때문이다. 이후 발매한 곡들이 빌보드 핫 100 차트에 나란히 진입하며 뉴진스는 데뷔 6개월 만에 방탄소년단, 블랙핑크 다음으로 핫 100 차트에 2곡 이상을 진입시킨 K팝 아티스트로 등극했다. 이를 통해 소속사인 하이브의 주가를 끌어올렸음은 물론이다.

한편, 틱톡을 통해 역주행에 성공한 사례도 있다. 2022년 2월 발매한 트레저의 타이틀곡은 '직진'이었는데 수록곡인 '다라리'가 틱톡의 댄스 챌린지 음악으로 사용되면서 인기를 끌게 됐다. 이 곡은 큰 투자와 홍보를 하지 않았음에도 글로벌 차트에 진입하며 역주행에 성공했다.

단순히 숫자로만 찍히는 데이터를 넘어 실제 팬들의 반응을 확인하기 위해서는 숏폼이나 트위터 같은 플랫폼을 적극 활용할 줄 알아야 한다. 바로 그곳에서 엔터 산업의 트렌드가 가장 빠르게 시작되고 확산되기 때문이다.

5장

엔터 산업을 이끄는
핵심 기업 분석

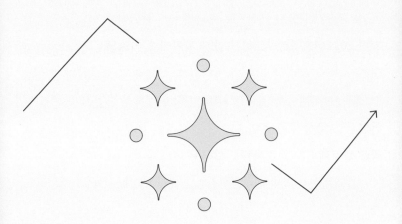

콘텐츠를 공급하는 큰손, PP와 OTT

넷플릭스의 등장은 상징적인 의미를 갖는다. 흔히 넷플릭스를 OTT 의 대표격으로 일컫는데, 'Over The Top'이라는 말을 풀이해보면 셋톱박스Top를 통해 시청하는 방송을 넘어Over, 스마트폰, PC, 태블 릿 등의 기기를 사용해 인터넷으로 시청할 수 있는 미디어 서비스 라는 뜻이다. 여기서 말하는 셋톱박스는 지상파, 케이블, 위성방송 등을 볼 수 있는 수단으로 미국에서는 넷플릭스의 등장 이후 이 셋 톱박스의 선을 자르는 일명 코드커팅 현상이 심화되고 있다.《포브 스》에 따르면 2011년 미국의 케이블 TV 가입 가구 비율은 90%였 지만 2022년은 61%로 30년 만에 최저치를 기록했으며, 2025년에 는 50%까지 하락할 것으로 전망된다. 미국에서 코드커팅 현상이 심화되는 이유는 케이블 TV와 비교해 OTT의 구독료가 훨씬 저렴 하면서도 제공하는 콘텐츠는 더 풍부하기 때문이다. 이런 현상은 최근 한국에서도 비슷하게 나타나고 있다.

방송통신위원회에 따르면 2022년 국내의 OTT 이용률은 72.0%로, 2020년 66.3%, 2021년 69.5%에 이어 꾸준한 증가세를 보 이고 있다. 국내는 OTT 구독 요금과 케이블 TV 구독 요금의 차이가 크지 않아 채널을 해지할 유인이 크지는 않지만, OTT의 영향력이 점차 확대됨에 따라 채널 공급자인 PP_{Program Provider}의 협상력이 강화되고 있다. PP는 SO_{System Operation}(종합 유선방송 사업자)에 채널을 공급하는 사업자로, 지상파 방송사(KBS, SBS, MBC, EBS)나 종합 편성 방송사(JTBC, TV조선, 채널A, MBN), 전문 편성 방송사(Mnet, OCN, tvN) 등을 지칭한다. 콘텐츠의 가치가 높아지면서 유료 방송인 SO 사업자들의 성장률이 둔화되기 시작했고, 매력적인 콘텐츠를 제공하는 PP의 채널을 확보하기 위한 경쟁이 치열해진 상황이다.

현재 국내 1위 PP 사업자는 부동의 1위를 지키고 있는 CJ 계열이다. 따라서 상장사인 CJ ENM이 어떤 사업을 영위하고 있는지 알아보고, 전 세계에서 가장 영향력 있는 OTT인 넷플릭스와 디즈니의 투자 포인트에 대해서도 점검해보고자 한다.

CJ ENM 035760

엔터 산업 전 분야를 망라하는 국내 대표 문화계 공룡

CJ ENM은 ① 방송 채널, 콘텐츠 제작, 광고를 담당하는 미디어, ② 상품 판매를 담당하는 커머스, ③ 영화의 제작, 투자, 배급 등을 담당하는 영화, ④ 음반·음원 제작 및 유통, 콘서트 기획 등을 담당하는 음악 4개의 사업 부문으로 이뤄져 있다.

미디어 부문에서는 tvN, OCN, 엠넷 등의 14개 채널을 운영하고 있으며 OTT 플랫폼인 티빙을 보유하고 있다. 2021년 말 〈라라랜드〉, 〈킬링 이브〉 등을 제작한 미국 제작사 엔데버콘텐트를 인수해 피프스 시즌FIFTH SEASON으로 사명을 바꾸고 글로벌 시장 진출에 박차를 가하고 있다. 커머스 부문에서는 TV 홈쇼핑 채널인 CJ쇼핑과 온라인 종합 쇼핑몰인 CJ몰을 CJ온스타일이라는 하나의 브랜드로 통합해 사업을 영위하고 있다. 영화 부문에서는 한국 영화 최고 관객 수를 기록한 〈명량〉, 〈극한직업〉의 배급을 담당했으며, 〈기생충〉, 〈헤어질 결심〉 등 다양한 장르의 영화에 투자 및 배급을 진행한다. 〈프로듀스 101〉, 〈스트릿 우먼 파이터〉 등의 각종 오디션 프로그램을 통해 다채로운 장르에 도전하는 음악 부문은 AOMG, 아메바컬쳐, 웨이크원 등 다양한 음악 레이블을 확보해 사업 영역을 확장하고 있다. 대표적인 자체 아티스트로는 엔하이픈(하이브와 합작해 설립한 빌리프랩 소속), 케플러, 제이오원, 아이앤아이 등이 있다. 2022년 기준 매출 비중은 미디어 54%, 커머스 28%, 영화 8%, 음악 10% 등이다.

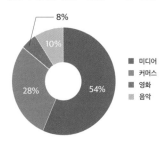

사업 부문별 매출 비중(2022년 기준)

8%
10%
28%
54%

- 미디어
- 커머스
- 영화
- 음악

자료: CJ ENM, 유진투자증권

종목 설명 및 주주 현황

발행 주식 수(천 주)	21,929	90일 일평균거래대금(억 원)	188
52주 최고가(원)	138,300	외국인 지분율(%)	13.8
최저가(원)	71,600	배당수익률(2022E)	2.0
52주 일간 Beta	0.66		

주주 구성(%)			1M	6M	12M
CJ(외 6인)	42.7	주가상승률(%)	3.3	0.9	-17.5
자사주(외 1인)	5.5	절대수익률(%)	-5.2	8.0	-5.6

주가 그래프

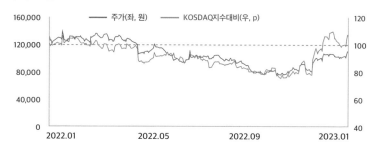

Financial Data

결산기(12월)	2020A	2021A	2022P	2023E	2024E
매출액(십억 원)	3,391	3,552	4,792	5,357	5,983
영업이익(십억 원)	272	297	137	275	343
세전계속사업손익(십억 원)	143	296	-328	93	154
당기순이익(십억 원)	66	228	-166	65	108
EPS(원)	2,596	8,822	–	2,684	4,421
증감률(%)	-45.4	239.8	적전	흑전	64.7
PER(배)	53.7	15.7	–	38.6	23.4
ROE(%)	1.8	5.4	–	1.8	2.9
PBR(배)	0.9	0.8	0.7	0.7	0.7
EV/EBITDA(배)	4.5	4.6	4.0	4.6	4.4

자료: Bloomberg, Google 금융, 유진투자증권

투자 포인트

피프스 시즌 및 티빙 턴어라운드

2022년과 2023년은 더 큰 결실을 얻기 위한 투자의 시기라고 생각하며 턴어라운드 turnaround 시점을 기다릴 필요가 있다. 공시를 통해 CJ ENM이 제공하던 2022년 연간 가이던스는 영업이익 2,700억 원이었는데, 새롭게 조정된 수치에서는 1,550억 원으로 이익 전망치가 대폭 하향됐다. 피프스 시즌과 티빙의 지속되는 부진을 고려한 수치로 보인다. 실제 연간 이익은 1,374억 원을 기록했다.

2022년 연간 피프스 시즌의 누적 영업 손실은 420억 원에 달한다. 분기마다 적게는 2편에서 많게는 7편까지 TV 시리즈, 영화, 다큐멘터리 등의 다양한 작품을 납품하고 있으나 고정비를 감당할 만큼의 매출이 발생하지 않아 실적 부진이 지속되고 있다. 2023년에는 최소 20편 이상(2022년 14편)의 작품을 준비하고 있어 실적 회복이 예상되기는 하지만, 2022년 4분기 흑자 실적에 이어 단기간에 흑자 전환을 할 가능성은 높지 않을 것으로 전망된다.

티빙 역시 가벼운 장르의 드라마 및 예능의 흥행으로 유료 가입자 속도가 빠르게 회복되고 있기는 하지만, 2022년 연간 누적 영업 손실이 867억 원에 달하며 분기에 최소 250억 원씩 영업 손실이 발생하고 있다. 역시 단기간 회복을 기대하기는 어렵지만, KT 시즌과의 합병을 통해 점차 실적 개선이 이뤄질 것으로 기대된다. 모두 투자의 성과를 거두기까지는 일정 시간이 필요할 것으로 보이나 보수적으로 2023년 하반기 피프스 시즌의 작품 딜리버리나 티빙 가입자 증가 폭이 급격히 확대되는 순간 주가도 빠르게 반등할 것으로 기대된다.

커머스 부문의 회복 및 음악 부분의 고성장 지속

커머스 취급고가 13개 분기 연속 감소하며 수익성 부진이 지속되고 있는 점도 고려할 부분이다. TV에서 디지털 중심으로 사업 구조를 변경하는 과정에서 이익 기여가 높은 TV 취급고가 줄어들고, 새로운 플랫폼으로의 투자, 송출 수수료 등 고정비가 지속 발생하며 수익성이 훼손되고 있다. 단기간 내에 상황이 반전되기는 쉽지 않겠지만, 2023년 하반기에는 기저 부담이 낮아지며 실적이 개선될 것으로 전망된다.

음악 부문은 2023년 전체 연결 영업이익 중 절반을 차지하며 안정적인 실적을 기록하는 효자 사업부로 등극할 것으로 전망된다. 이익 기여가 높은 자체 아티스트의 성과가 꾸준히 실적을 견인하고 있는데, 특히 일본에서 활동 중인 아티스트의 팬덤이 빠르게 확대되고 있어 가장 폭발적인 성장을 보일 사업 부문으로 기대된다.

기업 인사이트

매출액 및 성장률 추이

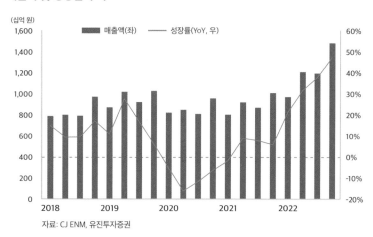

자료: CJ ENM, 유진투자증권

영업이익 및 성장률 추이

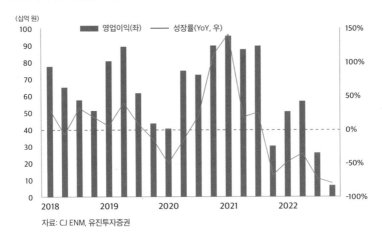

자료: CJ ENM, 유진투자증권

커머스 영업이익 및 영업이익률 추이

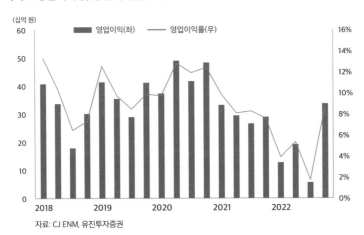

자료: CJ ENM, 유진투자증권

음악 영업이익 및 영업이익률 추이

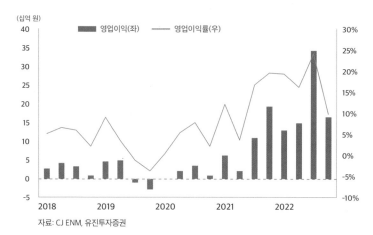

자료: CJ ENM, 유진투자증권

피프스 시즌 및 티빙 영업손실 추이

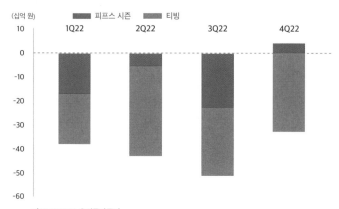

자료: CJ ENM. 유진투자증권

Netflix NFLX.US

콘텐츠 위력을 제대로 보여주는 글로벌 No.1 OTT

넷플릭스는 영화, 드라마 등의 콘텐츠를 제공하는 OTT 사업을 영위하고 있으며, 2022년 말 기준 전 세계 가입자 수는 2억 3,075만 명으로 중국, 북한, 시리아, 크림반도, 러시아를 제외한 190여 개의 국가에서 서비스를 제공하고 있다. 지역별 유료 가입자 비중은 북미 32%, 유럽 33%, 남미 18%, 아시아태평양 17%며, 2016년 한국 시장에 진출한 이후부터 꾸준히 한국 콘텐츠를 수급하고 있다.

2019년에는 국내 대형 제작사 2곳과 3년 장기 공급 계약을 체결해 한국 콘텐츠를 안정적으로 공급받을 수 있는 시스템을 마련했고, 그 결과 한국 내에서 가장 영향력 있는 OTT로 자리 잡았다. 한국 시장에 투자한 콘텐츠 누적 금액만 무려 1조 원 이상으로, 대형 제작사뿐 아니라 중소형 제작사의 비즈니스 모델이 외주제작 중심에서 IP 확보 및 활용 중심으로 변화하게 된 계기를 마련해준 존재이기도 하다. 그뿐만 아니라 첫 한국 오리지널 드라마인 〈킹덤〉을 시작으로 〈스위트홈〉, 〈지금 우리 학교는〉, 〈더 글로리〉 등 화제성 높은 작품들을 연달아 공개하며 한국 콘텐츠의 글로벌 시장 진출에 중요한 발판 역할을 했다.

막강한 콘텐츠 경쟁력을 가진 넷플릭스는 최근 신규 가입자 확보를 위해 저가형 광고 요금제를 출시하고 계정 공유를 금지하는 정책을 도입한다는 계획을 밝히며 또다시 전 세계 미디어 소비자의 주목을 받고 있다. 넷플릭스의 새로운 수익 모델 도입이 긍정적인 결과를 낳을지, 부정적인 결과를 초래할지 앞으로도 관심을 두고 지켜보자.

지역별 유료 가입자 비중(2022년 기준)

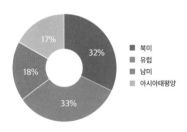

- 북미
- 유럽
- 남미
- 아시아태평양

자료: Netflix, 유진투자증권

종목 설명 및 주주 현황

발행 주식 수(백만 주)	445	90일 일평균거래대금(억 달러)	-
52주 최고가(달러)	409	외국인 지분율(%)	-
최저가(달러)	163	배당수익률(2022E)	-
52주 일간 Beta	1.42		

주주 구성(%)			1M	6M	12M
Captial Group Company	9.6	주가상승률(%)	4.4	39.3	-11.2
Vanguard Group	8.0	절대수익률(%)	2.0	44.6	-5.7

주가 그래프

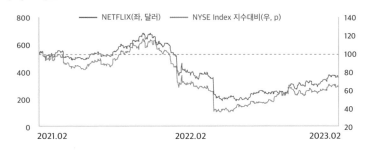

Financial Data

결산기(12월)	2020A	2021A	2022P	2023E	2024E
매출액(백만 달러)	24,996	29,698	31,616	34,232	38,238
영업이익(백만 달러)	5,378	5,913	5,783	6,523	8,178
세전계속사업손익(백만 달러)	3,992	5,559	5,061	6,034	7,672
당기순이익(백만 달러)	2,761	5,116	4,492	5,134	6,438
EPS(달러)	6.3	11.6	10.1	11.3	14.2
증감률(%)	46.9	84.5	-12.6	12.1	25.7
PER(배)	68.1	56.0	34.0	30.7	24.4
ROE(%)	12.8	18.2	14.2	24.5	21.4
PBR(배)	21.6	16.9	7.5	6.2	5.0
EV/EBITDA(배)	49.7	41.2	22.3	22.1	17.8

자료: Bloomberg, Google 금융, 유진투자증권

투자 포인트

독보적인 오리지널 콘텐츠

2022년 상반기만 하더라도 콘텐츠의 부재로 연이은 구독자 감소를 피할 수 없었는데, 하반기에 접어들어 경쟁력 있는 콘텐츠를 다수 공개하며 명실상부 오리지널 콘텐츠의 명가임을 증명하고 있다. 〈기묘한 이야기〉, 〈더 크라운〉, 〈브리저튼〉 등 메가 IP들의 시즌제 작품이 순차적으로 공개되며 풍성한 볼거리를 제공하고 있고, 동시에 새로운 킬러 콘텐츠 발굴을 통해 구독자 이탈을 방지하는 모습이 긍정적이다.

넷플릭스는 2022년 전체 회원의 60%가 한국 작품을 1편 이상 시청했다고 밝혔는데, 특히 〈지금 우리 학교는〉과 〈이상한 변호사 우영우〉는 2022년 넷플릭스 비영어권 최고 인기 시리즈 1, 2위를 나란히 차지할 정도로 큰 인기를 끌었다. 한국 제작사와 장기 공급 계약을 체결하며 한국 콘텐츠를 꾸준히 수급하고 있기 때문에 독보적인 콘텐츠 확보에 따른 비영어권 지역에서의 구독자 증가가 기대된다.

새로운 수익 모델, 광고 요금제와 공유 계정 금지 정책

2022년 11월 넷플릭스는 우리나라를 비롯한 주요 12개국을 중심으로 광고 기반의 저가 요금제를 출시했다. 기존 비싼 요금제에서 저렴한 광고 요금제로 갈아타기보다는 기존 가격에 진입 장벽을 느끼던 고객들의 신규 가입이 늘어났다는 점에서 아직 도입 초기임에도 유의미한 성과를 거뒀다고 볼 수 있다. 가격에 상대적으로 민감한 동남아시아 지역에서 광고 요금제가 서비스됐을 경우의 파급효과는 더 클 것으로 기대된다.

이외에도 칠레, 페루, 코스타리카 등 남미 일부 국가에서만 시범 운영하던 공유 계정 금지 정책을 2023년부터는 미국을 시작으로 전 세계로 확대 도입할 예정이다. 넷플릭스에 따르면 전 세계 1억 가구 이상이 계정을 공유하고 있어, 해당 정책 도입 시 신규 가입자가 증가하는 효과가 나타날 것으로 보인다. 상대적으로 저렴한 광고 요금제의 매력이 부각된다면 긍정적인 실적 흐름을 기대해볼 수 있을 것이다.

매출액 및 성장률 추이

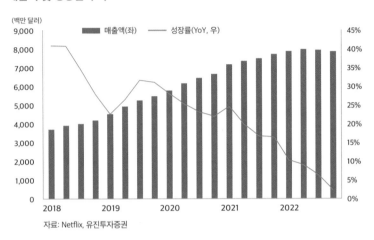

자료: Netflix, 유진투자증권

영업이익 및 성장률 추이

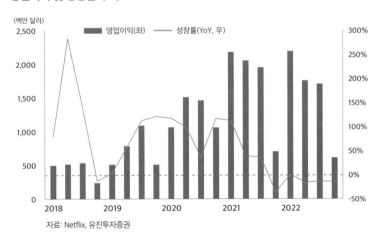

자료: Netflix, 유진투자증권

넷플릭스 유료 구독자 수 추이

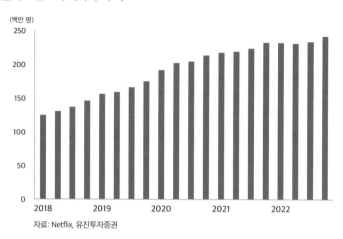

자료: Netflix, 유진투자증권

국가별 광고 요금제 도입 가격

	출시일	광고 요금제 가격	일반 요금제 가격
캐나다	2022.11.01	5.99달러	9.99달러
멕시코	2022.11.01	99페소	139페소
미국	2022.11.04	6.99달러	9.99달러
한국	2022.11.04	5,500원	9,500원
호주	2022.11.04	7달러	10.99달러
브라질	2022.11.05	18.9헤알	25.9헤알
영국	2022.11.06	4.99파운드	6.99파운드
프랑스	2022.11.07	5.99유로	8.99유로
독일	2022.11.08	4.99유로	7.99유로
이탈리아	2022.11.09	5.49유로	7.99유로
스페인	2022.11.10	5.49유로	7.99유로
일본	2022.11.10	790엔	990엔

자료: Netflix

2022년 글로벌 넷플릭스 TV 시리즈 최고 인기작

영어권 콘텐츠		비영어권 콘텐츠		
1	기묘한 이야기 4	1	지금 우리 학교는	한국
2	웬즈데이	2	이상한 변호사 우영우	한국
3	다머	3	예감	콜롬비아
4	브리저튼 2	4	Til Money Do Us Part	콜롬비아
5	애나 만들기	5	엘리트들 5	스페인
6	오자크 4	6	하이히트	멕시코
7	어둠 속의 감시자	7	황후 엘리자베트	독일
8	샌드맨	8	사내맞선	한국
9	엄브렐러 아카데미 3	9	Wrong Side of the Tracks	스페인
10	버진리버 4	10	웰컴 투 에덴	스페인

● 2022.01.01~12.18 집계 기준, 국내 미공개작은 영어 제목 표기.

자료: Netflix

Disney DIS.US

온오프라인에서 즐기는 독보적인 IP 비즈니스

유구한 역사를 자랑하는 원조 콘텐츠 자이언트 디즈니는 ① 미디어&엔터테인먼트,
② 테마파크 2개의 사업 부문으로 이뤄져 있다.

미디어&엔터테인먼트 부문 산하에 북미 시장 1위 방송국인 ABC와 스포츠 전문
채널인 ESPN을 보유하고 있으며 마블Marvel, 루카스 필름Lucas Film, 디즈니Disney, 픽
사Pixar 등의 다양한 제작사를 보유하고 있다. 2019년 11월에는 자체 OTT인 디즈니플
러스를 론칭하며 본격적으로 스트리밍 사업에 뛰어들었다. 2022년 기준 디즈니플러
스의 글로벌 가입자 수는 1억 6,180만 명이며 ESPN플러스와 훌루Hulu 등 디즈니 산
하의 OTT를 총괄한 가입자 수는 2억 3,470만 명이다. 테마파크 부문은 산하에 7개의
테마파크가 있으며 미국, 일본(라이선싱), 프랑스, 홍콩, 중국에 위치해있다.

테마파크와 애니메이션으로 쌓아올린 헤리티지 자산에 더해 마블과 픽사까지
인수하며 다양한 연령대에 소구하는 글로벌 히트작을 만들어냈다. 이러한 IP를 다채로운 방식으로 수익화해 디즈니 생태계 안에 소비자들을 록인하고 있으며, 온라인부터 오프라인까지 원 소스 멀티 유스 전략을 펼치는 진정한 미디어 제국이다. 2022년 기준 매출 비중은 미디어&엔터테인먼트 63%, 테마파크 37%다.

사업 부문별 매출 비중(2022년 기준)

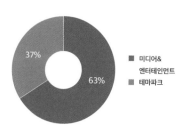

37%

63%

■ 미디어&
엔터테인먼트
■ 테마파크

자료: Disney, 유진투자증권

종목 설명 및 주주 현황

발행 주식 수(백만 주)	1,827	90일 일평균거래대금(억 달러)	-
52주 최고가(달러)	157	외국인 지분율(%)	-
최저가(달러)	84	배당수익률(2022E)	-
52주 일간 Beta	1.09		

주주 구성(%)			1M	6M	12M
Vanguard Group	8.0	주가상승률(%)	8.7	-11.1	-23.2
Blackrock	6.6	절대수익률(%)	6.2	-7.8	-27.7

주가 그래프

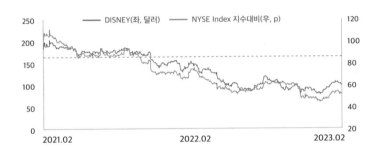

Financial Data

결산기(9월)	2020A	2021A	2022P	2023E	2024E
매출액(백만 달러)	65,388	67,418	83,745	90,471	96,461
영업이익(백만 달러)	3,794	3,659	8,460	12,317	15,616
세전계속사업손익(백만 달러)	-1,743	2,561	5,285	9,027	12,605
당기순이익(백만 달러)	-2,864	1,995	3,145	7,424	9,897
EPS(달러)	-	1.1	1.7	4.0	5.4
증감률(%)	-	흑전	57.3	130.3	34.9
PER(배)	-	56.0	34.0	30.7	24.4
ROE(%)	-	2.5	2.8	7.4	9.3
PBR(배)	2.6	3.5	1.8	2.0	1.8
EV/EBITDA(배)	64.3	41.2	17.8	16.3	13.5

자료: Bloomberg, Google 금융, 유진투자증권

투자 포인트

탄탄한 콘텐츠 경쟁력

마블, 스타워즈, 픽사 등 흥행이 담보된 슈퍼 IP를 바탕으로 스핀오프spin-off 시리즈를 계속 만들어낼 수 있다는 장점과 더불어 로컬 기대작들을 꾸준히 수급해 탄탄한 콘텐츠 경쟁력을 확보하고 있다는 점에 주목할 만하다. 디즈니에 따르면, 2022년 디즈니 플러스에서 서비스하고 있는 아시아 로컬 콘텐츠의 스트리밍 시간이 2021년 대비 8배 증가한 것으로 파악되는데, 앞으로도 로컬 파트너들과의 협업을 통해 현지의 킬러 콘텐츠를 다양하게 수급하면서 신규 유료 구독자 확보에 박차를 가할 것으로 예상한다. 특히 디즈니의 경우 어른부터 아이까지 즐길 수 있는 콘텐츠가 다채롭게 분포하고 있기 때문에, 나양한 연령층의 구독자를 확보할 수 있다는 것도 큰 장점이다.

　2022년 12월부터 미국에서 광고 요금제를 도입했다. 현재 서비스 중인 기본 요금제가 광고 포함 요금제로 변경되며, 광고 없이 보기 위해서는 인상된 요금제를 구독해야 한다. 아직 구체적으로 정해진 것은 없지만, 지금까지 경쟁사 대비 상대적으로 저렴한 가격에 서비스를 제공해왔기 때문에 글로벌 광고 요금제 확대 적용 및 구독 요금 인상에 따른 수익성 개선도 기대할 부분이다. 가격 상승을 능가할 만큼의 킬러 콘텐츠 확보가 중요한 상황에서 디즈니만의 독보적인 콘텐츠 경쟁력이 다시 한번 빛을 발할 시점이다.

테마파크 매출의 빠른 회복세

디즈니는 9월 결산 법인*으로 이미 2022년 연간 테마파크 매출이 팬데믹 이전인 2019년보다도 성장하며 테마파크에서의 빠른 회복세를 증명하고 있다. 특히 미국 내

---

*　대부분 기업은 12월 결산 법인으로 1월 1일부터 12월 31일까지의 실적을 산출하는데, 12월 결산 법인이 아닌 경우 실적 산출 기간이 다르게 적용된다. 대표적으로 3월 결산 법인, 6월 결산 법인, 9월 결산 법인 등이 있다.

에서의 이용객 확대 및 객당 지출 금액 증가와 크루즈, 숙박 등의 수요 확대가 지속되며 실적을 견인한 것으로 파악된다. 팬데믹 기간에 운영 비용을 절감하기 위해 비용 통제 노력을 지속해왔다는 점도 긍정적이다. 미국뿐 아니라 파리, 도쿄, 상하이 등 해외 테마파크에서의 성장이 더해지며 외형 성장세가 지속되는 한편, 꾸준한 비용 통제를 통해 전사 수익성을 견인하는 효자 사업부로 자리매김할 것으로 기대된다.

기업 인사이트

매출액 및 성장률 추이

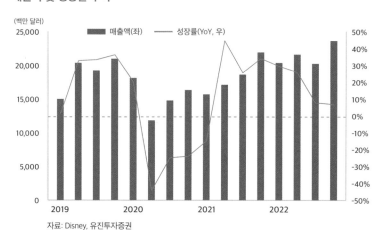

자료: Disney, 유진투자증권

영업이익 및 성장률 추이

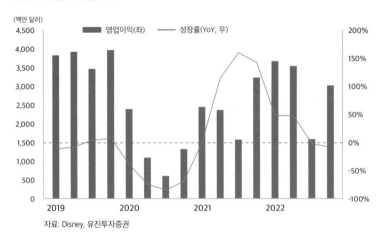

자료: Disney, 유진투자증권

디즈니플러스 유료 구독자 수 추이

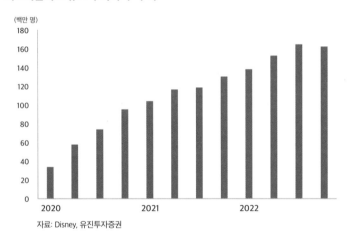

자료: Disney, 유진투자증권

테마파크 영업이익 및 영업이익률 추이

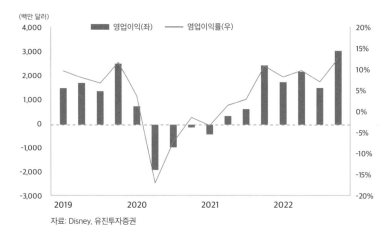

자료: Disney, 유진투자증권

2022년 글로벌 디즈니플러스 최고 인기작

순위	영화	TV 시리즈
1	엔칸토: 마법의 세계	심슨네 가족들
2	메이의 새빨간 비밀	그레이 아나토미
3	모아나	패밀리 가이
4	어벤져스: 엔드게임	블루이
5	닥터 스트레인지: 대혼돈의 멀티버스	모던 패밀리
6	버즈 라이트이어	말콤네 좀 말려줘
7	이터널스	변호사 쉬헐크
8	토르: 러브 앤 썬더	내가 그녀를 만났을 때
9	호커스 포커스 2	스타워즈: 안도르
10	아바타	문나이트

자료: flixpatrol.com

여전히 견고한 문화생활의 출발지, 멀티플렉스&영화사

여전히 극장 산업은 온탕과 냉탕을 오가고 있다. 2022년 국내 박스 오피스는 1억 1천만 명으로 극장 산업의 전성기였던 2019년의 2억 3천만 명 대비 절반의 스코어를 기록했다. 팬데믹 영향을 크게 받았던 2020~2021년과 비교하면 월등한 성과기는 하지만, 소비자들의 영상 콘텐츠 시청이 OTT로 상당수 옮겨가면서 극장의 위상이 예전만 못한 것도 어느 정도 맞는 듯하다. 여기에 CJ CGV, 메가박스, 롯데시네마 등 국내 주요 멀티플렉스 3사는 모두 팬데믹 2년 동안 무려 세 번의 가격 인상을 단행하며 평균 티켓 가격Average Ticket Price, ATP을 높였고, 그 결과 2018년 8,383원이었던 ATP가 2022년에는 사상 처음으로 1만 원을 넘어서며 영화라는 서비스가 고관여 상품*으로 자리 잡게 됐다.

그럼에도 불구하고 우리가 극장을 찾을 수밖에 없는 이유는 분명히 있다. 바로 공간이 주는 가치가 있기 때문이다. 같은 작품이라

---

* 일반적으로 가격 부담이 있기에 구매 리스크가 높고, 구매 결정까지 오랜 시간이 소요되는 상품.

고 하더라도 극장에 와서 팝콘을 먹으며 돌비 사운드로 생생하게 감상하는 것은 경험의 깊이부터가 다르다. 아무리 티켓 가격이 비싸다고 해도 입소문을 타고 흥행한 〈범죄도시 2〉의 경우나 러닝타임이 무려 3시간에 달하는 〈아바타: 물의 길〉이 모두 1천만 관객을 동원할 수 있었던 이유는 극장이라는 압도적인 공간이 주는 경험에 소비자들이 지갑을 열었기 때문이다.

평균 가격(P)은 상승했고, 팬데믹 기간에 극장 개봉을 미뤄왔던 작품들이 순차적으로 개봉하면서 개봉 편수(Q)가 늘어났으며, 지난 2년 동안 강도 높은 비용 통제(C)를 통해 비용 구조도 가볍게 만들었다. 그동안 생존을 위해 빌려온 운영자금이 아직까지도 큰 부담으로 작용하고 있기는 하지만, 결국 핵심은 흥행을 담보할 수 있는 대작 중심의 작품들이 공개돼 관객들을 얼마나 극장으로 불러올 수 있을지의 문제다. 긴 터널 끝에 한 줄기 빛이 있듯이 지금 극장 산업은 어둠 속에서 끝을 향해 달려가고 있다. 아직 재무적으로 해결해야 할 문제들이 많긴 해도 장기적으로 관심을 두고 지켜볼 필요가 있다.

CJ CGV 079160

글로벌 시장으로 뻗어나가는 국내 No.1 멀티플렉스

국내 최초의 멀티플렉스 영화관 브랜드인 CJ CGV는 영화 상영을 통한 티켓 판매, 매점 판매, 광고 판매, 상영관 대관 및 위탁 운영 등의 사업을 영위하고 있다. 2022년 별도 기준[*] 매출 비중은 상영 매출 59%, 매점 매출 15%, 광고 매출 18%, 기타 매출 8%다. 중국, 튀르키예, 베트남, 인도네시아 등 전 세계 7개국에 591개 사이트와 4,207개의 스크린을 운영하고 있으며 해외 매출 비중은 45%에 달한다.

국내시장 점유율은 45%로 극장 사업자 중 1위를 기록하고 있으며 IMAX와 4DX, ScreenX의 특별관을 독점 보유하면서 소비자들이 극장을 선택하는 기준을 새롭게 제시하고 있다. 코로나 팬데믹을 거치면서 공간 사업자로도 새롭게 발돋움하고 있는데 실내 골프 연습장부터 클라이밍 짐, 방 탈출 게임장, 만화 카페, 볼링펍 등 다양한 엔터테인먼트를 즐길 수 있는 다목적 공간을 선보이고 있다.

사업 부문별 매출 비중(2022년 기준)

■ 상영
■ 매점
■ 광고
■ 기타

자료: CJ CGV, 유진투자증권

국가별 매출 비중(2022년 기준)

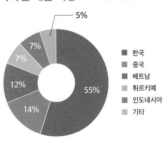

■ 한국
■ 중국
■ 베트남
■ 튀르키예
■ 인도네시아
■ 기타

자료: CJ CGV, 유진투자증권

＊　국제회계기준에 따라 종속회사도 한 회사로 보고 작성한 것을 연결 기준, 해당 회사에 대해서만 작성한 것을 별도 기준이라고 한다.

종목 설명 및 주주 현황

발행 주식 수(천 주)	47,722	90일 일평균거래대금(억 원)	47
52주 최고가(원)	29,800	외국인 지분율(%)	5.1
최저가(원)	12,450	배당수익률(2022E)	-
52주 일간 Beta	1.23		

주주 구성(%)			1M	6M	12M
CJ(외 1인)	48.5	주가상승률(%)	2.5	-15.0	-24.6
CJ CGV우리사주(외 1인)	2.1	절대수익률(%)	-0.3	-12.0	-13.9

주가 그래프

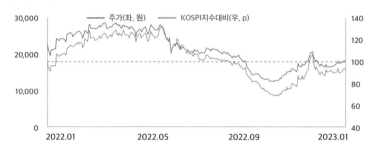

Financial Data

결산기(12월)	2020A	2021A	2022P	2023E	2024E
매출액(십억 원)	583	736	1,165	1,523	1,880
영업이익(십억 원)	-389	-241	-49	74	100
세전계속사업손익(십억 원)	-853	-373	-249	-75	-24
당기순이익(십억 원)	-752	-339	-240	-57	-18
EPS(원)	-	-	-	-	-
증감률(%)	-	-	-	-	-
PER(배)	-	-	-	-	-
ROE(%)	-	-	-	-	-
PBR(배)	6.6	4.5	5.8	9.7	12.3
EV/EBITDA(배)	-	48.2	14.6	11.9	12.7

자료: Bloomberg, Google 금융, 유진투자증권

투자 포인트

장기적으로 도움이 될 평균 티켓 가격 상승

팬데믹 기간에만 무려 세 번의 티켓 가격 인상이 있었다. 2020년, 2021년, 2022년에 걸쳐 가격 인상을 한 결과 평균 티켓 가격이 1만 원을 넘어서게 됐다. 단기적으로는 소비 심리에 부정적인 영향을 미치겠지만, 볼거리만 풍부하다면 팬데믹 전인 2019년과 비교해 관객 수가 부진하더라도 가격 상승으로 실적 개선을 견인할 수 있을 것으로 전망된다. 대표적으로 2022년 최고 히트작이었던 〈범죄도시 2〉는 평균 티켓 가격이 1만 5천 원에 달함에도 불구하고 입소문을 타면서 1천만 관객(타 멀티플렉스 관객 수 포함)을 기록했다. 이처럼 볼만한 콘텐츠들이 꾸준히 공급된다면 2023년의 실적 개선도 기대해볼 만하다.

블록버스터는 역시 극장에서

콘텐츠 순환 사이클이 빨라지고 있다. 시청자도 작품도 소비 주기가 짧아짐에 따라 극장에서 개봉 후 VOD로 공개되는 홀드백 기간도 점점 단축되고 있고, 심지어는 아예 처음부터 OTT로 개봉하는 영화도 많아지고 있다. 그럼에도 여전히 극장이 우위에 있는 부분은 블록버스터 영화를 감상할 때다. 물론 집에서 봐도 재미있겠지만, 마블 시리즈나 〈아바타〉와 같은 블록버스터 작품들은 대형 화면에서 선명한 사운드와 함께 3D, 4D로 봤을 때 더 큰 몰입감과 만족감을 느낄 수 있다. 투자사, 제작사 역시 극장 상영작이 손익분기점 이상을 달성했을 때 수취하게 되는 이익이 훨씬 크기 때문에 블록버스터 영화가 개봉하는 한 극장 수요는 지속될 것으로 예상한다.

녹록지 않은 외부 환경에도 수익성 개선 기대

2022년 국내 박스오피스는 1억 1천만 명으로 2019년 2억 3천만 명 대비 절반의 스코어를 기록했다. 여전히 부진하지만, 그래도 4월부터 본격적으로 거리두기가 해제되면서 온전하게 영업을 할 수 있었고, 지난 팬데믹 2년 동안(2020~2021년) 합산 1억 2천만 명을 동원했던 것과 비교하면 나름대로 의미 있는 성과라고 볼 수 있다. 물론 소비자들의 영화 시청 패턴이 변하고 있어 2019년만큼의 박스오피스 회복은 힘들 것으로 예상된다. 하지만 2023년은 티켓 가격 상승과 구조 개편 등의 영향으로 인해 국내와 동남아시아 지역을 시작으로 중국 시장의 회복이 가시화되며 수익성 중심의 성장을 이룰 것으로 기대한다.

- 블록버스터 및 공연 콘텐츠 상영에 최적화된 특화관.

자료: CJ CGV

기업 인사이트

매출액 및 성장률 추이

(십억 원)

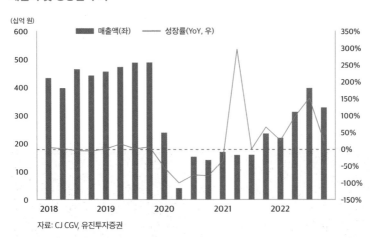

자료: CJ CGV, 유진투자증권

영업이익 및 성장률 추이

(십억 원)

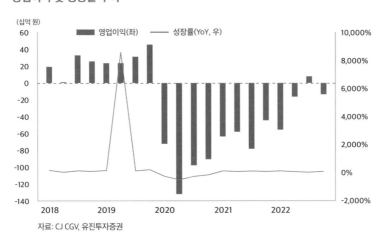

자료: CJ CGV, 유진투자증권

평균 티켓 가격ATP 추이

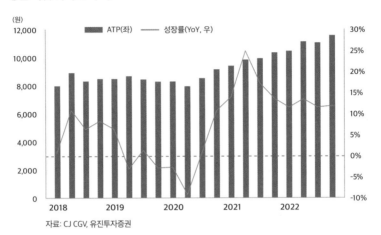

자료: CJ CGV, 유진투자증권

1인당 매점 소비SPP 추이

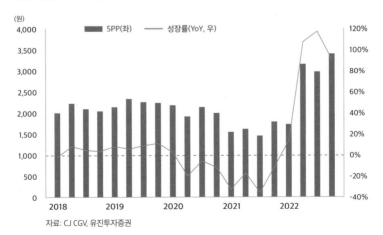

자료: CJ CGV, 유진투자증권

콘텐트리중앙 036420

드라마와 영화를 모두 품고 있는 멀티 사업자

콘텐트리중앙은 ① 콘텐츠를 제작하고 유통하는 방송, ② 영화 상영, 투자 및 배급 등을 담당하는 극장 2개의 사업 부문으로 이뤄져 있다. 방송 부문에서는 자회사인 SLL중앙을 통해 관계사인 JTBC에 드라마를 제작, 공급 및 유통을 담당하고 있으며, SLL중앙은 산하에 클라이맥스 스튜디오, 프로덕션에이치, 필름몬스터, 드라마하우스 등 다양한 연결 자회사를 보유해 드라마 제작 역량을 강화하고 있다. 2021년 7월에는 미국 제작사 윕을 인수해 글로벌 시장 진출에도 박차를 가하고 있다.

극장 부문에서는 극장 사업자인 메가박스와 메가박스 산하의 배급 브랜드인 플러스엠엔터테인먼트를 통해 〈범죄도시 2〉, 〈교섭〉 등을 비롯해 다양한 작품에 투자, 배급을 확대하며 사업 영역을 확대하고 있다. 2022년 기준 매출 비중은 방송 69%, 극장 25% 등이다.

사업 부문별 매출 비중(2022년 기준)

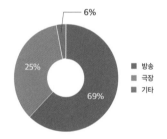

6%
25%
69%

■ 방송
■ 극장
■ 기타

자료: 콘텐트리중앙, 유진투자증권

종목 설명 및 주주 현황

발행 주식 수(천 주)	19,262	90일 일평균거래대금(억 원)	98
52주 최고가(원)	61,300	외국인 지분율(%)	1.0
최저가(원)	20,850	배당수익률(2022E)	-
52주 일간 Beta	1.81		

주주 구성(%)			1M	6M	12M
중앙홀딩스(외 3인)	42.2	주가상승률(%)	-10.6	-36.2	-48.3
국민연금공단(외 1인)	11.4	절대수익률(%)	-13.4	-33.2	-37.6

주가 그래프

Financial Data

결산기(12월)	2020A	2021A	2022P	2023E	2024E
매출액(십억 원)	360	677	857	1,031	1,139
영업이익(십억 원)	-59	-57	-69	20	36
세전계속사업손익(십억 원)	-170	-62	-88	16	31
당기순이익(십억 원)	-154	-50	-105	13	24
EPS(원)	-	-	-	432	818
증감률(%)	-	-	-	흑전	89.5
PER(배)	-	-	-	60.8	32.1
ROE(%)	-	-	-	6.0	10.5
PBR(배)	3.2	5.7	3.8	3.6	3.2
EV/EBITDA(배)	32.4	16.7	13.1	8.1	8.0

자료: Bloomberg, Google 금융, 유진투자증권

투자 포인트

편성 회복 및 시즌제 작품 확대로 외형 성장

그동안 토일 드라마 1개만 슬롯slot(작품이 방영되는 시간 혹은 자리)이 운영되고 있어 실적 변동성이 컸지만, 2022년 12월 말부터 수목 드라마가 재개되며 2개 슬롯이 편성됐다. 2024년 이후 SLL 스튜디오의 상장 가능성을 고려한다면 2023년은 최소 2개의 슬롯이 유지되며 편성 매출이 일부 회복될 것으로 전망된다.

2023년에는 시즌제 드라마도 본격화될 것으로 예상하는데, 이미 넷플릭스 오리지널인 〈D.P.〉, 〈지금 우리 학교는〉, 디즈니플러스 오리지널 〈카지노〉의 시즌 2 계약이 확정됐다. 따라서 2023년은 시즌제 작품이 확대됨에 따라 이익 기여도 높아질 것으로 전망된다.

윕 턴어라운드 기대감

윕은 2021년 7월 콘텐트리중앙이 인수한 미국 제작사로 2022년에 이어 2023년에도 작품 기획·개발을 위한 투자가 이어지며 부진한 실적을 기록할 것으로 전망된다. 작품 딜리버리가 늘어나면서 실적 회복 가능성도 기대해볼 수 있겠지만, 현실적인 턴어라운드 시점 및 콘텐트리중앙과의 시너지 효과에 대해서는 장기적인 시각으로 접근할 필요가 있다.

극장 메인 투자 및 배급 작품 확대

〈범죄도시 2〉의 효과에서 확인했듯이 콘텐트리중앙의 장점 중 하나는 텐트폴 작품에 투자·배급하며 상영 매출 이상의 수익을 창출한다는 점이다. 여전히 2019년 대비 2023년 박스오피스 회복은 더딜 것으로 예상되지만, 2023년에도 다양한 작품에 투자·배급을 준비하면서 그 이상의 성과를 기록할 것으로 예상한다. 대표적으로 공동 제작 영화인 〈범죄도시 3〉, 메인 투자·배급을 담당하는 송중기 주연의 〈화란〉과 〈보고타〉 등이 있다. 쟁쟁한 배우들이 출연하는 작품에 공동 제작 및 메인 투자·배급을 진행하면서 상영 매출 이상의 추가 수익 창출이 기대된다.

- 시즌 2 계약이 확정된 시즌제 작품들.

자료: 콘텐트리중앙

기업 인사이트

매출액 및 성장률 추이

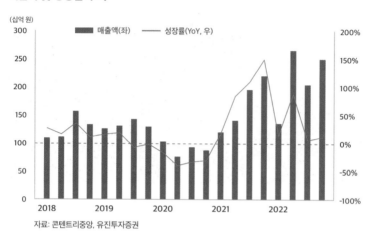

자료: 콘텐트리중앙, 유진투자증권

영업이익 및 성장률 추이

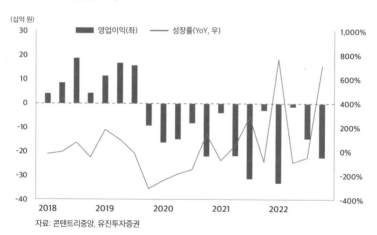

자료: 콘텐트리중앙, 유진투자증권

극장 영업이익 및 영업이익률 추이

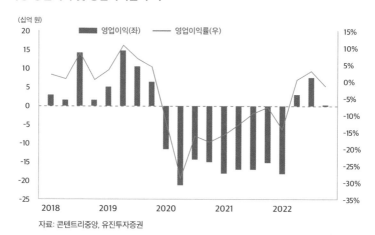

자료: 콘텐트리중앙, 유진투자증권

방송 영업이익 및 영업이익률 추이

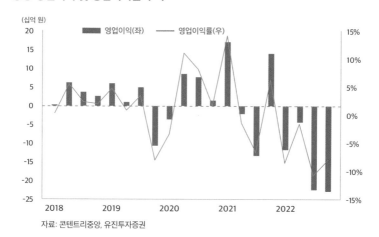

자료: 콘텐트리중앙, 유진투자증권

글로벌이 눈독 들이는 드라마 제작사들

K드라마의 열기가 뜨겁다. 〈지금 우리 학교는〉과 〈이상한 변호사 우영우〉는 2022년 넷플릭스 비영어권 최고 인기 시리즈 1, 2위를 나란히 차지할 정도로 큰 인기를 끌었다. 이제는 공개했다 하면 글로벌 순위권에 진입하는 것은 시간문제가 됐다. 그동안은 아시아의 황제로 군림했던 K드라마가 불과 1~2년 사이에 글로벌 시장을 무대로 활약하고 있는 점이 매우 고무적이다.

K드라마의 위상이 높아질수록 국내 드라마 제작사에 대한 관심도 높아질 수밖에 없으므로 2023년 국내 제작사들의 영업 환경은 더 좋아질 것으로 보인다. K드라마를 원하는 OTT 플랫폼은 많아지는데 공급하는 제작사는 한정적이다 보니 당연히 수요공급의 법칙에 의해 제작사에 프리미엄을 부여할 수밖에 없기 때문이다. K드라마 역시 회당 제작비가 상승하며 드라마 규모가 확대됐지만, 여전히 글로벌 평균 대비 저렴한 축에 속하기 때문에 글로벌 OTT의 러브콜이 지속되며 제작사의 협상력이 강화되고 있다.

2023년은 대형사는 질적 성장, 중소형사는 양적 성장을 중심으로 외형을 키워나갈 것으로 전망된다. 스튜디오드래곤과 콘텐트리중앙은 각자의 방식으로 미국 시장에 직간접 진출하며 시장을 확장하고 있는데, 기업마다 수익성을 증명하기까지는 다소 시간이 필요할 것으로 보이지만 하반기부터는 본격적으로 미국 시장에서의 성과가 가시화될 것으로 예상한다. 이외에도 글로벌 OTT와의 장기 공급 계약 및 시즌제 중심의 라인업을 바탕으로 수익성 바탕의 성장을 이뤄갈 것으로 기대된다. 중소형사는 밀렸던 편성이 재개되며 실적 변동성을 줄이는 가운데, IP를 보유한 텐트폴 작품들이 공개되며 큰 폭의 외형 성장이 기대된다.

시기상조이기는 하지만, 중국에서의 작품 방영 가능성도 관심을 가지고 지켜볼 필요가 있다. 2023년은 글로벌 한류 배우가 출연하는 작품들이 다수 있어 중국으로의 판매 및 방영이 또 한 번의 모멘텀으로 작용할 가능성이 있다.

스튜디오드래곤 253450

월드 클래스로 나아가는 국내 대표 종합 드라마 스튜디오

스튜디오드래곤은 ① 드라마 콘텐츠를 제작·기획한 후 방송사에 편성해 발생하는 편성 매출, ② 국내외 유통 관련해 발생하는 판매 매출, ③ PPL, OST 등의 기타 매출 총 3개의 사업 부문으로 이뤄져 있다.

2016년 CJ ENM의 드라마 사업 부문에서 물적분할해 설립됐으며 캡티브 captive(계열사 간 내부 시장) 채널인 tvN, OCN뿐 아니라 지상파 채널, 넷플릭스, 디즈니플러스 등 다양한 플랫폼에 작품을 공급하고 있다. 특히 국내보다는 해외 판매를 통해 작품 수익성을 높이는 편이다. 해외의 다양한 로컬 OTT에 신작과 구작을 활발히 판매하고 있으며, 2022년 4분기 기준 해외 판매 비중은 61%에 달한다. 2019년 국내 제작사로는 처음으로 넷플릭스와 장기 공급 계약을 체결했다.

산하에 5개의 드라마 연결 자회사를 보유해 드라마 제작 역량을 강화하고 있다. 2023년 상반기에는 기획 단계부터 참여한 미국 드라마의 첫 방영이 예정돼 있으며, 본격적으로 미국 시장 진출에 박차를 가하면서 사업 영역을 확대하고 있다.

자료: 스튜디오드래곤

종목 설명 및 주주 현황

발행 주식 수(천 주)	30,058	90일 일평균거래대금(억 원)	165
52주 최고가(원)	94,600	외국인 지분율(%)	10.8
최저가(원)	59,100	배당수익률(2022E)	-
52주 일간 Beta	0.18		

주주 구성(%)			1M	6M	12M
CJ ENM(외 4인)	54.8	주가상승률(%)	0.8	-0.9	-2.6
네이버(외 1인)	6.3	절대수익률(%)	-7.8	6.2	9.4

주가 그래프

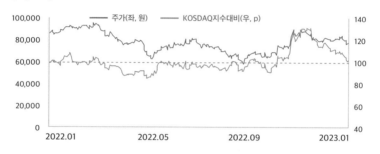

Financial Data

결산기(12월)	2020A	2021A	2022P	2023E	2024E
매출액(십억 원)	526	487	698	789	884
영업이익(십억 원)	49	53	65	95	111
세전계속사업손익(십억 원)	42	52	59	98	114
당기순이익(십억 원)	30	39	51	75	88
EPS(원)	987	1,301	1,685	2,501	2,930
증감률(%)	5.0	31.8	29.5	48.5	17.1
PER(배)	93.8	69.9	47.1	31.7	27.1
ROE(%)	5.7	6.0	7.3	10.2	10.8
PBR(배)	4.6	4.0	3.4	3.1	2.8
EV/EBITDA(배)	16.6	17.7	10.7	8.7	7.6

자료: Bloomberg, Google 금융, 유진투자증권

투자 포인트

리쿱률 상향으로 수익성 개선 및 판매처 다변화

2023년은 넷플릭스와의 재계약을 통해 동시 방영 작품의 리쿱률이 상향되며 작품 당 수익성이 상승하고, 오리지널 작품 제작이 확대되면서 외형 성장을 견인할 것으로 전망된다. 이미 넷플릭스 오리지널인 〈스위트홈〉과 디즈니플러스 오리지널 〈형사록〉, 그리고 〈아스달 연대기〉 등의 시즌 2 계약이 확정된 상황으로 전작 대비 마진을 높여 이익 기여도 높아질 것으로 예상된다. 특히 스타 작가의 작품인 경우 오리지널 이어도 동시 방영 수준의 높은 마진을 보전해주는 계약을 체결해 작품의 수익성을 확보하는 점이 긍정적이다.

한편 2023년부터 아마존프라임비디오, 애플TV플러스 등 기존에 납품하지 않았던 플랫폼으로 판매처가 다변화되고 있고, 넷플릭스 이외의 다른 OTT 플랫폼과 콘텐츠 장기 공급 계약을 추진하고 있는 것으로 파악된다. 다양한 신규 플랫폼 진출로 신작뿐 아니라 구작 판매를 통한 성장이 기대되며, 아직은 불확실성이 크지만 중국 시장이 개방될 경우 구작 판매 가능성이 가장 높아 기대할 부분이 많다.

미국 드라마 성과 가시화

2023년 상반기 첫 미국 드라마인 〈더 빅 도어 프라이즈〉가 애플TV플러스를 통해 미국 본토에 방영될 예정이며, 성과에 따라 추가 시즌 제작도 기대된다. 유니버설과 공동 제작하는 〈설계자들The Plotters〉을 비롯해 CBS와의 협업 등 미국 드라마의 추가 수주가 이어지며 지속 가능한 성장이 이어지고 있다. 이외에도 현재 미국에서 공동으로 기획·개발 중인 IP는 10개로 2023년부터 관련 성과들이 본격적으로 가시화될 것으로 보이며, 글로벌 시장에서의 영향력이 확대되고 있는 점에 주목할 필요가 있다.

기업 인사이트

매출액 및 성장률 추이

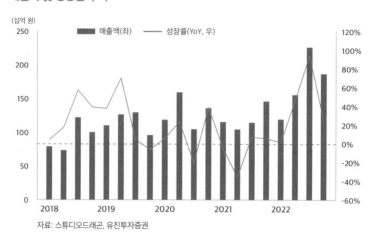

자료: 스튜디오드래곤, 유진투자증권

영업이익 및 성장률 추이

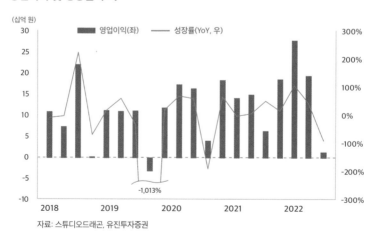

자료: 스튜디오드래곤, 유진투자증권

판매 매출액 및 전체 매출 중 판매 매출 비중 추이

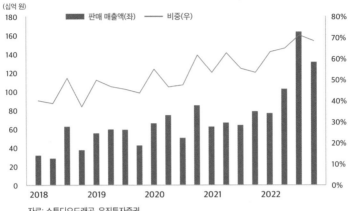

자료: 스튜디오드래곤, 유진투자증권

판매 지역별 비중 추이

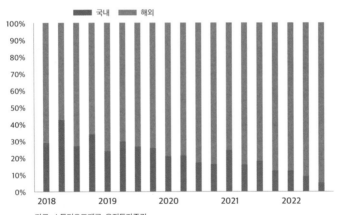

자료: 스튜디오드래곤, 유진투자증권

에이스토리 241840

IP 중심 비즈니스로 사업 영역을 확장하는
국내 No.1 중소 제작사

에이스토리는 드라마 콘텐츠를 기획·제작해 방송국과 해외시장 등에 공급하는 기업으로 콘텐츠 제작 및 유통, IP 판매, OST, 웹툰, 게임 등의 부가 사업을 영위하고 있다. 넷플릭스의 한국 첫 오리지널인 〈킹덤〉에 이어 〈지리산〉, 〈이상한 변호사 우영우〉, 〈빅마우스〉 등 다수의 메가 히트작을 보유하고 있다.

에이스토리는 외주제작 모델을 탈피해 IP 보유 비즈니스로 사업 영역을 확장하는 것에도 힘쓰고 있다. 〈지리산〉의 경우 작품이 국내에서 기대만큼 흥행하지 못했음에도 IP를 온전히 제작사가 소유하고 있어, 방영 이전에 아이치이에 글로벌 방영권을 미리 판매해 큰 수익을 얻었다. 〈이상한 변호사 우영우〉의 경우도 마찬가지로 제작사가 IP를 소유함으로써 글로벌 리메이크나 뮤지컬 제작 등 IP를 활용한 부가 사업으로 추가 수익 창출을 꾀하고 있다. 2023년에는 처음으로 텐트폴 시즌제 작품이 시작될 예정으로, 다채로운 포트폴리오 구성이 기대된다.

자료: 에이스토리

종목 설명 및 주주 현황

발행 주식 수(천 주)	9,540	90일 일평균거래대금(억 원)	38
52주 최고가(원)	35,000	외국인 지분율(%)	2.0
최저가(원)	16,050	배당수익률(2022E)	-
52주 일간 Beta	0.79		

주주 구성(%)			1M	6M	12M
이에스프로덕션(외 2인)	25.7	주가상승률(%)	9.3	2.9	3.9
CJ ENM(외 1인)	10.5	절대수익률(%)	0.7	10.0	15.9

주가 그래프

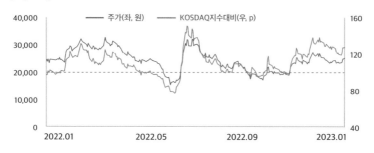

Financial Data

결산기(12월)	2019A	2020A	2021A	2022E	2023E
매출액(십억 원)	28.2	22.1	58.9	100.0	133.1
영업이익(십억 원)	-1.1	-0.9	6.9	16.1	18.3
세전계속사업손익(십억 원)	-1.0	-1.2	16.5	14.1	18.5
당기순이익(십억 원)	-1.2	-7.4	17.0	14.5	16.3
EPS(원)	-	-	1,816.0	1,468.0	1,923.0
증감률(%)	-	-	흑전	-19.0	31.0
PER(배)	-	-	16.6	18.1	13.8
ROE(%)	-	-	43.4	-	-
PBR(배)	-	11.4	5.9	-	-
EV/EBITDA(배)	-	255.3	39.0	-	-

자료: Bloomberg, Google 금융, 유진투자증권

콘텐츠 명가로 거듭나는 중

〈킹덤〉과 〈지리산〉 제작사로 알려져 있던 에이스토리를 시장이 다시 주목하게 만든 작품이 바로 〈이상한 변호사 우영우〉다. 케이블 채널에서 방영했음에도 최고 시청률 17.5%를 기록할 정도로 반응이 뜨거웠고, 넷플릭스에서는 오리지널이 아닌 동시 방영 작품이었음에도 불구하고 2022년 비영어권 TV 시리즈 글로벌 2위를 차지하는 등 전 세계 시청자들의 큰 사랑을 받은 작품이다. 에이스토리는 〈지리산〉 이후 텐트폴 작품이 부재했던 상황에서 〈이상한 변호사 우영우〉를 넷플릭스에, 〈빅마우스〉를 디즈니플러스에 판매하며 다시 한번 콘텐츠 명가로 거듭났다. 2023년은 방영 기준 최소 3편 정도의 작품을 선보일 예정인데, 그중에서 1개 이상은 텐트폴 작품으로 제작해 외형 성장세 역시 지속될 것으로 보인다.

시즌제 텐트폴 작품 시작

시즌제 작품의 장점은 어느 정도 흥행이 보장돼 있기 때문에 작품의 연속성이 있고, 시즌이 진행될수록 제작비가 확대돼 수익성이 좋다는 점이다. 에이스토리의 경우 2023년 처음으로 시즌제 텐트폴 작품 제작이 시작되는데, 웹툰 〈무당〉을 원작으로 하는 〈디에이오DAO〉라는 작품을 준비 중이다. 회당 제작비는 약 20~30억 원 수준이며 글로벌 OTT 플랫폼에서 시즌제로 방영될 예정이다. 대규모 작품인 만큼 제작이 가시화됨에 따라 주가의 유의미한 반등이 있을 것으로 기대된다.

OSMU의 끝판왕

K-좀비물의 포문을 열었던 〈킹덤〉은 국내 게임사 액션스퀘어를 통해 게임으로 출시될 예정이고 〈킹덤〉의 영상 IP는 넷플릭스 소유지만, 게임에 대한 원천 IP는 에이스

토리에서 소유), 〈이상한 변호사 우영우〉는 드라마의 인기에 힘입어 편의점 세븐일레븐과 협업해 우영우 김밥을 출시하기도 했다. 그뿐만 아니라 웹툰으로도 제작됐으며 2024년에는 뮤지컬로도 만들어질 예정이다. 2023년 하반기 제작 예정인 〈디에이오〉의 경우도 IP 기반의 게임, NFT 등 다양한 2차 콘텐츠를 준비 중인 것으로 파악된다. 잘 만든 IP 하나가 다양한 콘텐츠로 확장되며 지속 가능한 수익을 창출하고 있는 것이다. 향후 에이스토리에서 선보일 메가 IP를 기반으로 한 다양한 콘텐츠 확장을 기대해본다.

매출액 및 성장률 추이

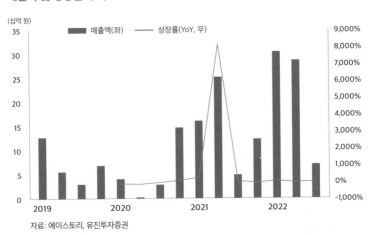

자료: 에이스토리, 유진투자증권

영업이익 및 성장률 추이

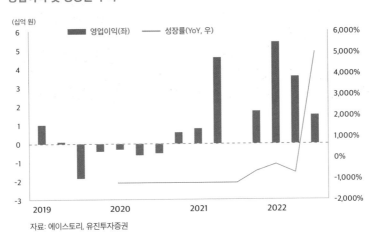

자료: 에이스토리, 유진투자증권

키이스트 054780

국내 최대 배우 매니지먼트 기반의 드라마 제작사

키이스트는 드라마 등의 영상 콘텐츠를 기획·제작해 방송국과 해외시장 등에 공급하는 영상 콘텐츠 제작 사업과 아티스트 에이전트 및 새로운 아티스트 발굴, 육성을 담당하는 매니지먼트 사업을 영위하고 있다. 다양한 작품에 외주제작사로 참여하며 드라마 제작 역량을 강화하고 있고, 2023년 2월 현재 36명의 배우 라인업을 보유하며 드라마 제작과 시너지를 낼 수 있는 환경을 조성하고 있다. 2023년에는 처음으로 텐트폴 작품을 선보일 예정으로 본격적인 양적 성장과 함께 IP 중심의 비즈니스로 사업 영역을 확대하는 모습이다.

자료: 키이스트

종목 설명 및 주주 현황

발행 주식 수(천 주)	19,548	90일 일평균거래대금(억 원)	61
52주 최고가(원)	13,300	외국인 지분율(%)	7.3
최저가(원)	5,380	배당수익률(2022E)	-
52주 일간 Beta	1.32		

주주 구성(%)			1M	6M	12M
에스엠스튜디오스(외 4인)	33.8	주가상승률(%)	1.5	6.0	-17.0
김영민(외 1인)	0.1	절대수익률(%)	-7.0	13.1	-5.0

주가 그래프

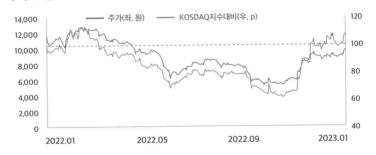

Financial Data

결산기(12월)	2019A	2020A	2021A	2022E	2023E
매출액(십억 원)	39.4	48.1	46.5	62.5	108.0
영업이익(십억 원)	-2.1	1.6	1.0	-3.0	11.3
세전계속사업손익(십억 원)	-5.6	-2.1	-1.5	-1.0	11.5
당기순이익(십억 원)	-10.7	8.7	-0.2	-1.0	10.1
EPS(원)	-	560.0	-	-	517.0
증감률(%)	-	흑전	적전	적지	흑전
PER(배)	-	20.7	-	-	18.2
ROE(%)		16.7	-	-	-
PBR(배)		4.8	5.1	-	-
EV/EBITDA(배)		70.2	100.2	-	-

자료: Bloomberg, Google 금융, 유진투자증권

투자 포인트

드디어 쏟아지는 작품 편성

지난 2년 동안은 편성이 밀리면서 방영작이 많지 않았던 점이 아쉬웠지만, 2023년은 최소 5편 이상의 작품 제작을 준비하고 있는 것으로 파악된다. 중소 제작사들은 자금 사정이 넉넉하지 않기 때문에 보통 하나의 큰 텐트폴 작품을 준비하고 나머지 작품은 외주제작으로 참여하는 구조가 보편적이다. 키이스트의 경우 2023년 제작을 준비하고 있는 주요 작품으로 텐트폴 작품 1개, 글로벌 OTT 오리지널 작품 1개가 있으며 외형 성장과 더불어 글로벌 레퍼런스도 확대하며 성장세를 이어갈 것으로 전망된다.

제작비 500억 원 대작의 탄생

드디어 제작비 500억 원이 투입된 이민호·공효진 주연의 로맨틱코미디 드라마 〈별들에게 물어봐〉가 가시화될 것으로 보인다. 키이스트는 해당 작품에 외주제작으로 참여하지만, 작품 규모 자체가 워낙 크기 때문에 실제로 수취하는 이익 규모 역시 기존의 다른 외주 작품과 비교해 상당할 것으로 예상한다. 이미 관련 매출과 원가가 진행률로 선반영됐기 때문에 작품 방영 시에 이익의 대부분이 반영될 것으로 전망되며, 글로벌 한류 배우가 주연으로 출연한다는 점에서 좋은 조건에 글로벌 OTT에 판매할 수 있을 것으로 기대된다. 중소 제작사들의 실적은 결국 배우의 영향이 가장 크다. 따라서 대표적인 한류 배우가 캐스팅된 작품을 보유한 회사 중심으로 관심을 두고 지켜볼 필요가 있다.

기업 인사이트

매출액 및 성장률 추이

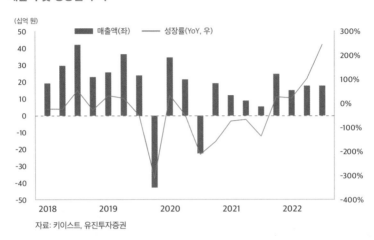

자료: 키이스트, 유진투자증권

영업이익 및 성장률 추이

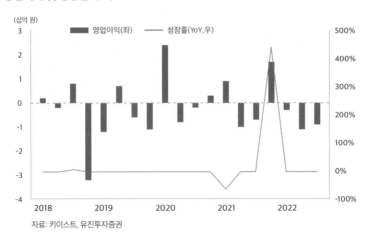

자료: 키이스트, 유진투자증권

삼화네트웍스 046390

30년 이상의 역사를 가진 국내 굴지의 드라마 제작사

국내 최초의 드라마 독립 제작사로 출발해 30년 이상의 업력을 자랑하는 삼화네트 웍스는 드라마 콘텐츠를 기획·제작해 방송국 및 해외 플랫폼에 공급하는 드라마 사업을 영위하고 있다. 2000년대 초반 〈명성황후〉, 〈부모님 전상서〉, 〈엄마가 뿔났다〉등 다수의 히트작을 비롯해 현재까지 110여 편 이상의 드라마를 제작해오고 있다. 2021년 〈지금 헤어지는 중입니다〉를 시작으로 〈어게인 마이 라이프〉, 〈지금부터, 쇼타임!〉, 〈금수저〉 등 기존의 외주제작 중심의 비즈니스 모델에서 IP 보유 비즈니스로 사업 영역을 확장하며 다채로운 포트폴리오를 구성하고 있다.

자료: 삼화네트웍스

종목 설명 및 주주 현황

발행 주식 수(천 주)	43,173	90일 일평균거래대금(억 원)	83
52주 　　　최고가(원)	5,920	외국인 지분율(%)	3.0
최저가(원)	2,170	배당수익률(2022E)	-
52주 일간 Beta	0.74		

주주 구성(%)			1M	6M	12M
신상윤(외 5인)	38.6	주가상승률(%)	-4.0	-7.9	-7.7
자사주(외 1인)	8.3	절대수익률(%)	-12.6	-0.8	4.2

주가 그래프

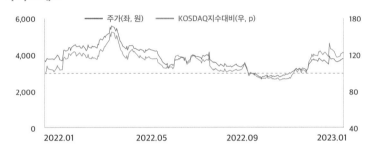

Financial Data

결산기(12월)	2019A	2020A	2021A	2022E	2023E
매출액(십억 원)	54.2	29.3	32.9	63.5	81.6
영업이익(십억 원)	0.2	-0.2	6.8	11.0	14.1
세전계속사업손익(십억 원)	0.7	-1.0	7.2	11.5	14.5
당기순이익(십억 원)	0.7	-1.0	6.4	11.3	12.8
EPS(원)	18.0	-	162.0	262.0	296.0
증감률(%)	흑전	적전	흑전	61.7	13.0
PER(배)	91.0	-	19.0	12.3	10.9
ROE(%)	2.1	-	15.6	-	-
PBR(배)	1.7	2.6	2.6	-	-
EV/EBITDA(배)	13.6	100.1	16.0	-	-

자료: Bloomberg, Google 금융, 유진투자증권

투자 포인트

안정적인 작품 편성

2022년에는 총 3편의 작품이 편성됐는데, 2023년에도 같은 수의 작품 편성이 확정 돼 안정적인 실적 흐름이 예상된다. 현재 하반기에 1개 작품을 추가 편성하는 것을 논 의 중으로, 편성이 확정될 경우 2023년은 총 4편의 작품이 방영되며 견조한 실적을 기록할 것으로 전망된다. 삼화네트웍스는 텐트폴 작품을 통해 레버리지를 내는 구조 보다는 전체 제작비를 통제하는 가운데 제작 작품을 외부에 유리한 조건으로 판매해 서 수익성을 높이는 전략을 택하고 있다. 따라서 어떤 플랫폼에 어떤 조건으로 작품 을 판매하는지에 관심을 가지고 지켜볼 필요가 있다.

판매왕

송혜교 주연의 〈지금 헤어지는 중입니다〉는 텐트폴 작품이 아님에도 동남아시아의 로컬 OTT인 뷰와 중국에 판권을 판매하고 방영함으로써 최소 35% 이상의 이익을 남긴 것으로 파악된다. 2016년 이후 중국의 한한령 발동으로 인해 한국 드라마가 중 국 시장에 판매되기가 쉽지 않은 상황인데, 판매에 이어 실제 방영까지 이뤄졌다는 점에서 특히나 의미가 깊다. 이외에도 〈금수저〉는 디즈니플러스에, 〈멘탈리스트〉는 HBO맥스에 판매하며 다양한 OTT 플랫폼에 최적의 조건으로 콘텐츠를 공급하고 있 다. 이러한 판매 현황을 볼 때 2023년에 편성을 준비 중인 작품도 유리한 조건에 판 매될 것으로 기대하며 긍정적인 실적 흐름을 보일 것으로 전망한다.

기업 인사이트

매출액 및 성장률 추이

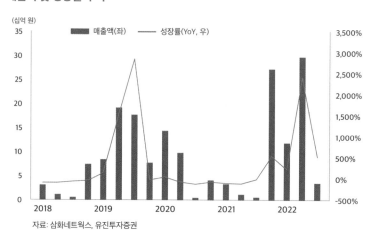

자료: 삼화네트웍스, 유진투자증권

영업이익 및 성장률 추이

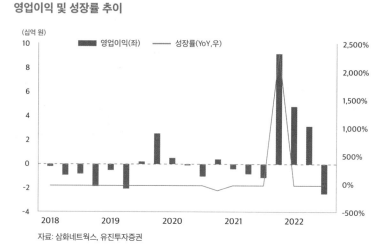

자료: 삼화네트웍스, 유진투자증권

팬엔터테인먼트 068050

드라마 한류의 시초이자 한국 드라마의
본격적인 해외 진출을 이끈 〈겨울연가〉 제작사

팬엔터테인먼트는 드라마 콘텐츠를 기획·제작해 방송국 및 해외 플랫폼 등에 공급하는 드라마 사업을 영위하고 있다. 한류 열풍의 진원지 〈겨울연가〉를 필두로 〈쌈, 마이웨이〉, 〈동백꽃 필 무렵〉 등 다양한 작품 제작에 참여했으며, 2021년 〈라켓소년단〉을 시작으로 2023년에는 IP 보유 작품이 확대될 것으로 전망한다. 특히 2023년은 최소 5편의 작품이 방영될 것으로 예상하는데, 작품 수 확대뿐 아니라 첫 텐트폴 작품을 선보일 예정이라 기대가 크다. 이를 바탕으로 레퍼런스 확대 및 긍정적인 실적 흐름을 기록할 것으로 선망한나.

자료: 팬엔터테인먼트

종목 설명 및 주주 현황

발행 주식 수(천 주)	27,694	90일 일평균거래대금(억 원)	30
52주 최고가(원)	6,080	외국인 지분율(%)	1.0
최저가(원)	2,825	배당수익률(2022E)	-
52주 일간 Beta	0.79		

주주 구성(%)			1M	6M	12M
박영석(외 3인)	35.9	주가상승률(%)	12.2	50.2	24.1
자사주신탁(외 1인)	1.6	절대수익률(%)	3.7	57.3	36.1

주가 그래프

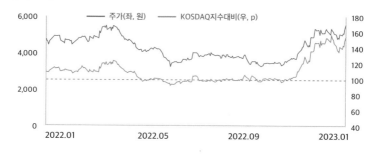

Financial Data

결산기(12월)	2019A	2020A	2021A	2022E	2023E
매출액(십억 원)	40.2	24.7	30.4	65.3	75.3
영업이익(십억 원)	1.1	2.5	1.5	10.8	10.8
세전계속사업손익(십억 원)	1.2	1.6	2.3	10.5	11.5
당기순이익(십억 원)	1.1	1.8	4.0	8.8	9.2
EPS(원)	42	66	148	323	332
증감률(%)	흑전	57.1	124.2	118.2	2.8
PER(배)	63.2	99.9	35.3	17.4	16.9
ROE(%)	2.4	2.7	5.3	-	-
PBR(배)	1.5	2.6	1.9	-	-
EV/EBITDA(배)	43.4	58.8	65.7	-	-

자료: Bloomberg, Google 금융, 유진투자증권

투자 포인트

기다린 만큼 강력해진 라인업

편성이 밀리면서 방영작이 많지 않아 아쉬워던 지난 2년과는 달리, 2023년은 최소 5편 이상의 작품이 제작될 것으로 파악된다. 이미 편성이 확정된 〈꽃선비 열애사〉, 〈국민사형투표〉 외에도 3개의 작품이 더 공개될 예정으로 작품 편성이 부진했던 2022년과 비교해 2023년은 상반기부터 하반기까지 다채로운 작품 라인업을 보유하며 제작 편수 확대에 따른 실적 성장이 기대된다. 웹소설 원작의 〈꽃선비 열애사〉와 웹툰이 원작인 〈국민사형투표〉는 이미 흥행이 담보된 IP를 기반으로 제작되기 때문에 화제성도 높을 것으로 보인다. 특히 올해는 제작비 400억 원 이상의 텐트폴 작품도 준비하고 있어, 글로벌 OTT로의 판매가 가시화됨에 따라 큰 폭의 외형 성장을 기대해봐도 좋을 듯하다.

대작 IP 보유 시작

2021년 방영된 〈라켓소년단〉 이후로 2023년에도 1편의 IP 보유 작품을 선보일 예정이다. 특히 이번 작품은 수백억의 제작비가 투입된 대작으로 2023년 상반기부터 촬영에 들어갈 것으로 보인다. 언론에 공개된 배우와 연출진만 고려해도 좋은 조건에 글로벌 OTT에 판매되며 규모 있는 이익을 창출할 것으로 예상해볼 수 있다. 특히 팬엔터테인먼트는 제작비 규모를 통제하며 외주제작 중심의 사업을 영위하는 회사인데, 직접 IP를 보유하는 구조에 더해 심지어 처음으로 진행하는 대규모 텐트폴 작품이라는 점에서 기대할 만한 부분이 충분하다. 기다린 만큼 더 강력해져서 돌아왔다. 2023년 팬엔터테인먼트가 보여줄 드라마 성과를 지켜볼 필요가 있다.

매출액 및 성장률 추이

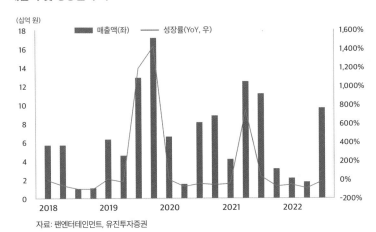

자료: 팬엔터테인먼트, 유진투자증권

영업이익 및 성장률 추이

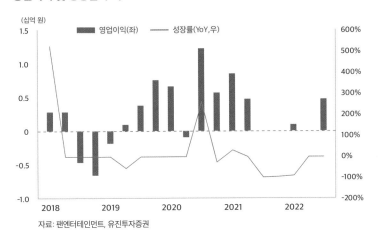

자료: 팬엔터테인먼트, 유진투자증권

K팝 신화의 탄생지,
글로벌 스타를 키우는 엔터 기획사

이제 할리우드 진출이 더 이상 꿈이 아닌 현실로 이뤄지고 있다. 글로벌 영화 산업의 중심지인 미국에서 한국 작품과 배우들이 연일 커다란 주목을 받고 있으며 이는 K팝도 마찬가지다. 미국 스타디움 입성, 미국 현지화 아이돌 제작 등 예전에는 미처 상상하지 못했던 일들이 가시화되며 국내 엔터 기획사들의 수준과 위치도 한층 격상됐다. 특히 2019년 2,500만 장에 불과하던 앨범 판매량이 2022년 8천만 장을 기록하며 불과 3년 사이에 3배 이상의 폭발적인 성장을 보인 점은 무척 고무적이다. 오프라인 활동이 제한적이던 팬데믹 기간에 보복 소비 측면에서 늘어났던 앨범 판매량이 그 이후에도 꾸준히 성장하는 점을 고려하면 K팝을 소비하는 지역이 아시아에서 미국, 유럽 등의 서구권으로 확장됐다고 해석해도 무리는 아닌 듯하다. 이러한 K팝 팬덤 확대의 흐름은 2023년에도 지속될 것으로 보인다.

한편, 글로벌 최대 음악 시장인 미국과 일본에서 K팝 아티스트의 활동 역시 활발하게 이어질 것으로 보인다. 일본에서는 돔 투어 확대로 수익성을 극대화할 것으로 예상하며, 미국에서는 스타디움에 처음으로 입성하는 아티스트가 늘어나는 것은 물론 이미 입성했던 아티스트는 공연 횟수와 모객을 확대하며 미국 시장에서의 영향력을 확대할 것으로 전망된다. 특히 이미 K팝 아티스트의 미국 내 성과가 빠르게 가시화되고 있기 때문에, 미국 현지화 아이돌 프로젝트가 성공적으로 안착함에 따라 산업 전반의 리레이팅을 기대해볼 만하다.

모든 아티스트가 커리어 하이를 경신하며 이익 체력이 높아지는 가운데 3세대(2014~2017년 데뷔) 아티스트의 수명 주기가 길어지고 있고, 4세대(2018년 이후 데뷔) 아티스트가 빠르게 성장하며 신인 아티스트의 수익화 시기가 앞당겨지고 있다. 아티스트 육성 및 음악 콘텐츠 제작이라는 본업의 성장이 지속될 뿐만 아니라, 비즈니스의 구조적인 개선 및 새로운 수익 모델 개발을 통한 실적 개선도 주목할 부분이다. 여전히 성장 잠재력이 가장 큰 분야로 2023년도 엔터 기획사들의 사상 최대 이익을 기대해본다.

하이브 352820

음악에 기반한 세계 최고의 엔터테인먼트 플랫폼 기업

하이브는 ① 아티스트를 양성하고 음악 콘텐츠 제작을 담당하는 '레이블', ② 레이블에 비즈니스 솔루션을 제공하고 음악에 기반한 공연, 영상 콘텐츠, IP, 게임 등 다양한 사업을 전개하는 '솔루션', ③ 위버스를 기반으로 하이브의 모든 콘텐츠와 서비스를 연결하고 확장시키는 '플랫폼' 3개의 사업 부문으로 이뤄져 있다.

방탄소년단을 포함해 세븐틴, 투모로우바이투게더, 르세라핌, 뉴진스 등 다양한 아티스트가 소속돼 있다. 2021년 4월 미국의 아티스트 매니지먼트사인 이타카홀딩스를 인수해 저스틴 비버, 아리아나 그란데 등의 해외 아티스트 라인업도 확보했으며, 2023년 2월 미국의 힙합 레이블인 QC 미디어홀딩스를 인수하며 장르의 다양성을 선보이고 있다. 그뿐만 아니라 팬 커뮤니티 플랫폼인 위버스를 통해 아티스트 IP를 활용한 MD 판매가 활발하게 이뤄지고 있으며, 2022년 3월에는 네이버의 브이라이브 사업부를 양수하며 라이브 스트리밍 서비스를 추가해 더욱 풍부한 팬 경험을 제공하고 있다.

2023년 2월, SM 인수전에 뛰어들어 최대주주인 이수만 프로듀서의 지분 18.4% 중 일부(14.8%)를 획득하며 최대주주에 등극했다(2023년 2월 말 기준). 2022년 3분기 기준(누적) 매출 비중은 앨범 33%, 공연 16%, 광고 및 매니지먼트 7%, MD 및 라이선싱 23%, 콘텐츠 18% 등이다.

사업 부문별 매출 비중(3Q22 기준)

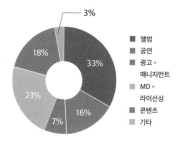

자료: 하이브, 유진투자증권

종목 설명 및 주주 현황

발행 주식 수(천 주)	41,353	90일 일평균거래대금(억 원)	453
52주 최고가(원)	334,500	외국인 지분율(%)	14.2
최저가(원)	107,000	배당수익률(2022E)	-
52주 일간 Beta	1.66		

주주 구성(%)			1M	6M	12M
방시혁(외 10인)	33.1	주가상승률(%)	8.3	3.3	-25.0
넷마블(외 1인)	18.2	절대수익률(%)	5.5	6.3	-14.3

주가 그래프

Financial Data

결산기(12월)	2020A	2021A	2022E	2023E	2024E
매출액(십억 원)	796	1,256	1,671	1,558	1,674
영업이익(십억 원)	146	190	241	205	245
세전계속사업손익(십억 원)	126	210	357	255	283
당기순이익(십억 원)	87	141	269	192	212
EPS(원)	2,378	3,308	6,407	4,447	4,926
증감률(%)	-12.9	39.1	93.7	-30.6	10.8
PER(배)	66.6	105.5	29.5	42.5	38.4
ROE(%)	12.5	6.8	9.0	5.8	6.0
PBR(배)	4.7	5.1	2.5	2.4	2.2
EV/EBITDA(배)	27.4	53.7	22.6	24.2	20.7

자료: Bloomberg, Google 금융, 유진투자증권

투자 포인트

위버스 구독 모델 도입

2022년 12월, 레이블 어도어 소속의 걸그룹 뉴진스의 전용 소통 앱인 포닝이 유료화되며 본격적인 구독 모델이 시작됐는데, 2023년 상반기 중 위버스에도 구독 모델이 도입될 예정이다. 아직 구체적으로 밝혀진 바는 없지만 포닝의 사례로 미뤄보았을 때 위버스도 단체 구독권으로 시작할 가능성이 높아 보이며, 다양한 콘텐츠를 기반으로 하는 상품들도 연내 출시될 것으로 예상한다. 특히 일본, 미국 아티스트의 위버스 입점이 기대되며, 구독 모델 도입을 가정할 경우 보수적으로 최소 80억 원에서 최대 200억 원까지 분기 영업이익이 증가할 것으로 전망된다.

소속 아티스트의 높은 성장성

2023년 하반기 방탄소년단의 부재가 예상됨에도 불구하고 그 공백을 메울 만큼 소속 아티스트의 성장이 가파르다. 세븐틴은 2022년 미국 아레나 투어, 일본 돔 투어를 성황리에 마쳤고 2023년 미국 스타디움 입성을 바라보고 있으며, 데뷔한 지 이제 막 7개월이 지난 신인 걸그룹 뉴진스는 대중성까지 잡으며 수익화 시기를 앞당기고 있다. 글로벌 팬덤 확대로 소속 아티스트의 실적 기여가 높아지는 상황에서 2023년에는 최소 3팀의 신인 아티스트가 데뷔할 예정으로 다양한 부문에서 외형 성장이 기대된다.

현지화 전략

하이브는 2021년 이타카홀딩스를 인수하며 미국 시장에 본격적으로 진출하기 시작했는데, 소속 아티스트의 미국 진출에서 한 걸음 더 나아가 2023년 하반기에는 미국

내에서 활동하는 걸그룹이 데뷔하며 현지화 전략이 탄력을 받을 것으로 보인다. 이외에도 2023년 2월 미국의 힙합 레이블을 인수하며 다양한 장르에 도전하고 있다. 전통적인 캐시카우 시장인 일본을 넘어 글로벌 1위 시장인 미국에서의 영향력을 확대하는 점에 주목할 필요가 있다.

SM 인수를 통한 성장 전략 기대

2023년 2월 10일, SM 인수전에 본격적으로 뛰어들어 최대주주인 이수만 프로듀서의 지분 18.4% 중 14.8%를 취득하며 최대주주에 올라섰다. 2023년 3월 1일까지 주당 12만 원 공개 매수를 통해 SM 소액주주 지분 25%를 추가 획득하며 총 39.8%의 지분을 확보할 계획이었으나, SM 시장가가 공개 매수가 이상에서 형성됨에 따라 세부 사항은 3월 말 주주총회에서 최종 결정이 날 것으로 예상된다.

공개 매수가 성공적으로 이뤄졌다면, 총 1조 1천억 원 규모로 SM 지분 40% 확보가 가능했을 것으로 예상된다. 공정거래위원회의 기업결합 심사 이후 이수만 프로듀서의 잔여 지분 3.6%까지 획득하면 총 43.5%의 지분을 확보하며 최대주주 등극과 동시에 안정적인 경영권 행사가 가능할 것으로 보인다. 2023년 3월 현재, 상황은 더 지켜봐야겠지만 SM 인수에 성공한다면 음반·음원 시장에서의 영향력 확대가 예상된다. 이와 더불어 1세대부터 4세대까지 다양한 아티스트 라인업을 확보하고, 음악적, 지역적 확장을 이어감으로써 다채로운 성장을 기대한다.

기업 인사이트

매출액 및 성장률 추이

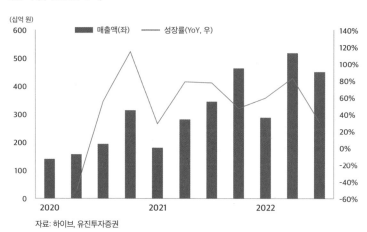

자료: 하이브, 유진투자증권

영업이익 및 성장률 추이

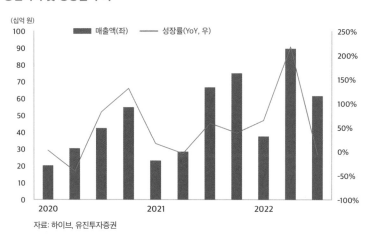

자료: 하이브, 유진투자증권

위버스 MAU 추이

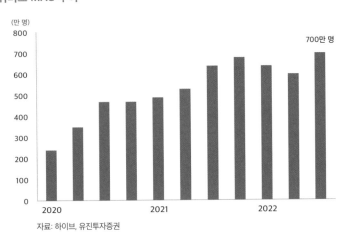

자료: 하이브, 유진투자증권

아티스트 직접 참여형 및 간접 참여형 매출 비중 추이

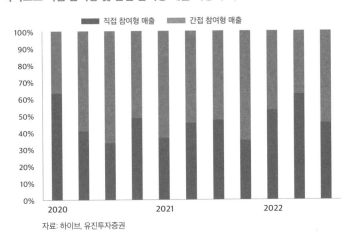

자료: 하이브, 유진투자증권

포닝 구독 모델(월간 9,900원, 연간 9만 9천 원)

구분	기본 요금제	유료 구독 모델
콜	• 라이브 시청 • VOD 시청(14일 후 가능)	• 라이브 시청 • VOD 시청(라이브 직후 바로 가능)
메시지	• 그룹 채팅 열람 • 소속사 공식 채널 열람 • 포닝 공식 채널 열람	• 그룹 채팅 참여 • 멤버별 채팅 참여 • NJ Tokki 알림봇 열람 • 소속사 공식 채널 열람 • 포닝 공식 채널 열람
포토	• 없음	• 앨범 열람 • 보관함 이용
캘린더	• 공식 일정 열람 • 공식 일정 댓글 보기	• 공식 일정 열람 • 멤버 작성 일정 열람 • 멤버 작성 댓글 보기 • 모든 일정 댓글 달기

자료. 하이브, 유진투자증권

하이브 주요 아티스트 라인업

데뷔년도	그룹명	소속사	재계약 일자	그룹 구분
2013	방탄소년단	하이브(빅히트뮤직)	2018	보이그룹
2015	세븐틴	하이브(플레디스)	2022	보이그룹
2019	투모로우바이투게더	하이브(빅히트뮤직)	2026	보이그룹
2020	엔하이픈	하이브(빌리프랩)	2027	보이그룹
2022	르세라핌	하이브(쏘스뮤직)	2029	걸그룹
2022	뉴진스	하이브(어도어)	2029	걸그룹
2022	앤팀	하이브재팬	2029	보이그룹
2023(예정)	보이그룹	하이브(플레디스)	2030	보이그룹
2023(예정)	보이그룹	하이브(케이오지)	2030	보이그룹
2023(예정)	미국 걸그룹	하이브	2030	걸그룹
2024(예정)	보이그룹	하이브(빅히트뮤직)	2031	보이그룹

자료: 하이브, 유진투자증권

하이브 비즈니스 모델

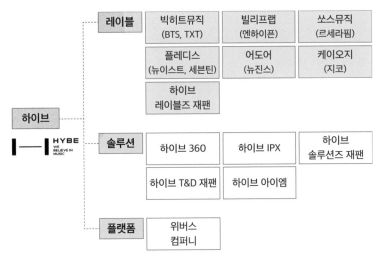

자료: 하이브, 유진투자증권

**한류 열풍을 최초로 이끌며 엔터 산업의 역사를 세운
대표 엔터테인먼트 그룹**

SM엔터테인먼트는 음반 기획 및 제작, 유통을 담당하는 음악 콘텐츠와 아티스트 매니지먼트의 2개의 사업 부문으로 이뤄져 있으며, 종속회사는 광고, 아티스트 매니지먼트, 영상 콘텐츠, 여행 사업 등을 영위하고 있다.

동방신기, 슈퍼주니어, 샤이니, 엑소, 레드벨벳, NCT 127, NCT DREAM, 에스파 등 다양한 아티스트가 소속돼 있으며 2020년부터 SMCUSM Culture Universe라는 프로젝트를 진개하면서 SM의 모든 아티스트를 연결해 하나의 세계관으로 확상하려는 노력을 펼치고 있다.

2023년 2월, 하이브가 이수만 프로듀서의 지분을 취득하면서 최대주주로 올라섰고, 이수만 프로듀서의 신주 및 전환사채 발행 금지 가처분 신청이 인용됨에 따라 카카오향 전환사채 발행 및 3자 배정 유상증자가 무산되며 하이브와 카카오의 지분 경쟁이 치열하게 진행 중이다. 2023년 2월 현재 진행 중인 이수만 프로듀서의 신주 및 전환사채 발행 금지 가처분 신청 결과에 따라 SM 경영권의 향방이 정해질 것으로 전망한다.

사업 부문별 매출 비중(3Q22기준)

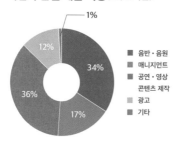

- ■ 음반·음원
- ■ 매니지먼트
- ■ 공연·영상 콘텐츠 제작
- ■ 광고
- ■ 기타

자료: SM엔터테인먼트, 유진투자증권

2022년 3분기 연결 기준 매출 비중은 음반·음원 34%, 매니지먼트 17%, 공연·영상 콘텐츠 제작 36%, 광고 12% 등이다.

종목 설명 및 주주 현황

발행 주식 수(천 주)	23,807	90일 일평균거래대금(억 원)	784
52주 최고가(원)	118,300	외국인 지분율(%)	16.0
최저가(원)	57,500	배당수익률(2022E)	
52주 일간 Beta	0.39		

주주 구성(%)			1M	6M	12M
하이브(외 1인)	14.8	주가상승률(%)	53.6	77.1	54.7
국민연금공단(외 1인)	9.0	절대수익률(%)	45.1	71.4	61.8

주가 그래프

Financial Data

결산기(12월)	2020A	2021A	2022E	2023E	2024E
매출액(십억 원)	580	702	816	949	1,092
영업이익(십억 원)	6	68	90	113	133
세전계속사업손익(십억 원)	-41	173	142	140	161
당기순이익(십억 원)	-80	133	100	95	110
EPS(원)	-2,991	5,624	3,934	3,394	3,919
증감률(%)	-	흑전	-30.0	-13.7	15.5
PER(배)	-	13.2	29.5	34.2	29.6
ROE(%)	-16.0	25.5	14.0	10.6	11.0
PBR(배)	1.6	2.9	3.8	3.4	3.1
EV/EBITDA(배)	4.8	10.4	151	12.5	10.8

자료: Bloomberg, Google 금융, 유진투자증권

투자 포인트

라이크기획 리스크 해소 및 최대주주 지분 매각 기대감

라이크기획은 SM 소속 아티스트 음반의 음악 자문 및 프로듀싱 업무를 담당하는 회사로 SM으로부터 별도 매출액의 최대 6%를 인세로 받아왔다. 매출이 증가함에 따라 매년 SM이 라이크기획에 로열티로 지급하는 수수료 비용이 적게는 100억 원에서 많게는 200억 원 이상까지 발생했고 이로 인해 SM은 시장에서 밸류에이션 디스카운트(저평가)를 받아올 수밖에 없었다. 하지만 2022년 말 라이크기획 관련 프로듀싱 계약이 공식 종료됨에 따라 2023년부터는 실적 가시성이 높아질 것으로 기대된다. 라이크기획을 대신할 멀티 프로듀싱 체제 도입을 통해 장기적으로 지속 가능한 사업 구조를 꾸려가는 점이 긍정적이다.

2023년 2월 7일, 전환사채 발행 및 3자 배정 유상증자를 통해 카카오가 9.05%의 지분을 취득하며 2대 주주에 올라섰고, 2월 10일에는 하이브가 이수만 프로듀서의 지분 18.4% 중 14.8%를 취득하며 최대주주에 등극했다. 매일 같이 상황이 바뀌고 있는데, 2023년 3월 1일 하이브의 주당 12만 원 공개 매수가 실패로 돌아가고, 3월 3일 이수만 프로듀서의 신주 및 전환사채 발행 금지 가처분 신청이 인용됨에 따라 9.05%의 지분을 취득한 카카오의 입지가 다시 흔들리게 되면서 하이브도 카카오도 주주총회까지 치열한 지분 경쟁을 지속할 것으로 예상된다.

아티스트 경쟁력

데뷔 5년 만에 급격한 팬덤 확장을 이루며 탄탄한 성장세를 보이는 NCT와 데뷔 2년 차에 초동 앨범 판매 100만 장의 역사를 기록한 에스파 외에도 레드벨벳, 엑소, 샤이니 등 기존 아티스트의 수명 주기가 길어지고 있는 점에 주목할 만하다. 2000년대 중후반에 데뷔한 2세대부터 2010년대 중반 데뷔한 3세대 아티스트의 구보가 꾸준히 판매되고 있고, 완전체 그룹 활동뿐 아니라 솔로 및 유닛으로도 안정적으로 자리 잡았다. 캐시카우인 일본 및 동남아시아를 중심으로 투어 공연과 팬 미팅을 활발히 진행하며 실적에 유의미한 기여를 하고 있는 점 역시 긍정적이다. 특히 소속 아티스트의 합동 공연인 'SM타운 라이브 2022' 콘서트를 도쿄 돔에서 3회나 진행한 점은 기획사 자체에 대한 코어 팬덤이 많다는 의미로 해석할 수 있다. '광야'라는 세계관 속에서 아티스트를 하나로 집결하며 팬덤 이탈을 방지하고, 소속 아티스트 내에서 팬덤 순환이 이뤄지며 팬덤을 록인하는 모습과 SM 특유의 음악적 색채를 유지하려는 움직임은 SM만의 강점이다.

매력적인 밸류에이션

2021년 1분기부터 별도 영업이익률이 꾸준히 20%대를 유지하면서 본업에서의 호조세가 지속되고 있다. 영업 외 부문에서 수익성을 훼손하던 비핵심 자회사를 청산하며 구조적인 개선이 이뤄지고 있음에도 불구하고 여전히 경쟁사 대비 밸류에이션 매력이 높다는 점에서 꾸준히 관심을 가질 만하다.

기업 인사이트

매출액 및 성장률 추이

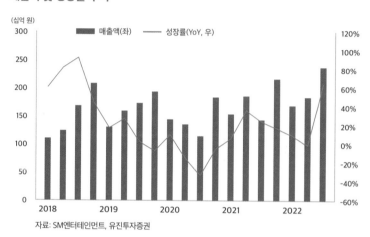

자료: SM엔터테인먼트, 유진투자증권

영업이익 및 성장률 추이

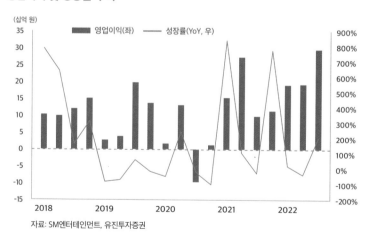

자료: SM엔터테인먼트, 유진투자증권

별도 영업이익 추이

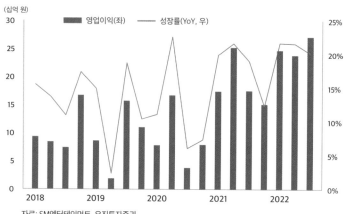

자료: SM엔터테인먼트, 유진투자증권

라이크기획 수수료 비용 추이

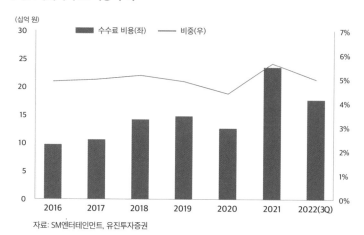

자료: SM엔터테인먼트, 유진투자증권

SM엔터테인먼트 주요 아티스트 라인업

데뷔년도	그룹명	소속사	재계약 일자	그룹 구분
2005	슈퍼주니어	SM	2015, 2022	보이그룹
2008	샤이니	SM	2014, 2018	보이그룹
2012	엑소	SM	2019, 2022	보이그룹
2014	레드벨벳	SM	2021	걸그룹
2016	NCT 127	SM	2025	보이그룹
2016	NCT DREAM	SM	2025	보이그룹
2020	에스파	SM	2027	걸그룹
2023(예정)	보이그룹	SM	2030	보이그룹
2023(예정)	걸그룹	SM	2030	걸그룹
2023(예정)	NCT 보이그룹	SM	2030	보이그룹

자료: SM엔터테인먼트, 유진투자증권

SM엔터테인먼트 그룹 산하의 다양한 기업들

자료: SM엔터테인먼트, 유진투자증권

JYP Ent. 035900

K팝의 글로벌화를 이끄는 종합 엔터테인먼트 기업

JYP엔터테인먼트는 ① 음반·음원, 영상 콘텐츠 등을 기획, 제작, 유통하는 음악 및 영상 콘텐츠, ② 공연, 출연 등 소속 아티스트의 용역 활동을 통해 수익을 창출하는 매니지먼트, ③ IP 관련 플랫폼 비즈니스 등 3개의 사업 부문으로 이뤄져 있다.

레이블 시스템 구축을 통해 다수의 아티스트 라인업을 효율적으로 운영·관리하고 있으며 소속 아티스트로는 트와이스, 스트레이키즈, 있지, 엔믹스, 데이식스, 니쥬 등이 있다. 미국 리퍼블릭 레코드와의 협업을 통해 2020년 트와이스가 성공적으로 미국 시장에 진출한 이후로 스트레이키즈, 있지 등 소속 아티스트의 미국 진출이 활발하게 이뤄지고 있다. 2022년 3분기 연결 기준 매출 비중은 음반·음원 48%, 콘서트 9%, 광고·출연 10%, 기타 33%다.

사업 부문별 매출 비중(3Q22 기준)

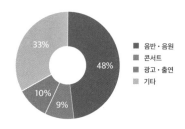

자료: JYP엔터테인먼트, 유진투자증권

종목 설명 및 주주 현황

발행 주식 수(천 주)	35,497	90일 일평균거래대금(억 원)	244
52주 최고가(원)	75,600	외국인 지분율(%)	38.2
최저가(원)	41,250	배당수익률(2022E)	0.5
52주 일간 Beta	0.39		

주주 구성(%)		1M	6M	12M
박진영(외 4인)	15.8	주가상승률(%) 13.9	23.4	70.1
국민연금공단(외 1인)	7.3	절대수익률(%) 5.4	30.5	82.0

주가 그래프

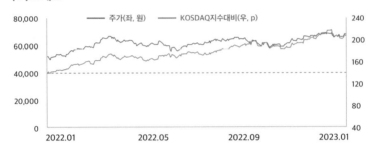

Financial Data

결산기(12월)	2020A	2021A	2022E	2023E	2024E
매출액(십억 원)	144	194	346	400	451
영업이익(십억 원)	44	58	103	116	131
세전계속사업손익(십억 원)	38	86	101	116	130
당기순이익(십억 원)	30	68	78	88	99
EPS(원)	832	1,900	2,181	2,464	2,764
증감률(%)	-5.7	128.4	14.8	13.0	12.2
PER(배)	46.2	26.7	33.4	29.5	26.3
ROE(%)	17.3	31.4	27.8	25.2	23.0
PBR(배)	7.5	7.3	8.3	6.7	5.5
EV/EBITDA(배)	26.3	27.2	22.8	19.6	16.9

자료: Bloomberg, Google 금융, 유진투자증권

투자 포인트

스트레이키즈의 고성장

스트레이키즈의 성장세가 가파르다. 방탄소년단에 이어 두 번째로 단일 음반 기준 300만 장 이상의 판매를 기록했고, 빌보드 200 차트에서 두 번이나 1위를 차지하며 방탄소년단, 블랙핑크 다음으로 국내 아티스트 중 빌보드 200 차트 1위를 기록한 역대 세 번째 아티스트가 됐다. 월드 투어 앙코르 콘서트에서 처음으로 미국 스타디움에 입성함과 동시에 일본에서는 첫 돔 투어를 진행하며 글로벌 팬덤을 빠르게 확장하고 있다. 활동마다 커리어 하이를 경신하고 있으며 특히 글로벌 최대 음악 시장인 미국에서의 영향력이 확대되고 있는 점이 긍정적이다. 스타디움 및 돔 투어의 확대가 예상되는 올해 역시 주요 활동 지역인 미국과 일본에서의 성과를 기대해볼 만하다.

탄탄한 신인 모멘텀 및 현지화 전략

2023년에는 총 4팀의 신인이 데뷔를 앞두고 있다. 한국, 중국, 일본에서는 보이그룹이, 미국에서는 걸그룹이 데뷔할 예정이다. 이미 2020년 일본에서 '니지 프로젝트'라는 현지 오디션을 통해 걸그룹 니쥬를 성공적으로 데뷔시킨 경험이 있기 때문에, 2023년 지역별 현지화 전략에 따라 데뷔하는 신인 아티스트들의 성과를 기대해볼 만하다. 특히 미국 공식 파트너사인 리퍼블릭 레코드와의 협업으로 트와이스, 스트레이키즈가 미국 시장에 빠르게 침투하며 가파른 성장을 증명하고 있으므로 2023년 하반기 데뷔 예정인 미국 걸그룹도 주목할 필요가 있다.

간접 매출 성장 본격화

2022년 3분기부터는 JYP 360이라는 MD 제작 및 유통을 담당하는 자회사를 통해 외부에서 발생하던 로열티 매출까지 내재화했다. 고마진의 MD 매출이 지속적으로 성장할 수 있는 발판을 마련한 것이다. 아티스트의 활발한 활동이 이어짐에 따라 음반, 공연 등 직접 매출의 성장에 더해 MD 판매 등 수익성 좋은 간접 매출이 본격적으로 실적에 기여하며 성장이 이어질 것으로 전망된다.

기업 인사이트

매출액 및 성장률 추이

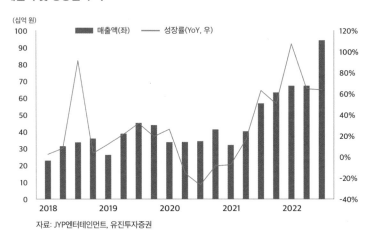

자료: JYP엔터테인먼트, 유진투자증권

영업이익 및 성장률 추이

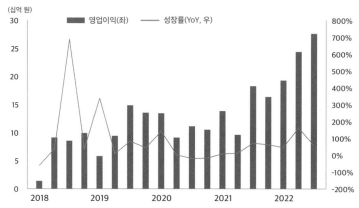

자료: JYP엔터테인먼트, 유진투자증권

매니지먼트 및 콘텐츠 매출 비중 추이

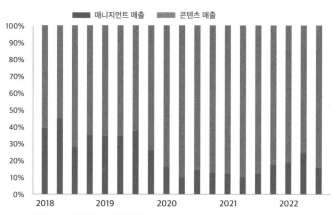

자료: JYP엔터테인먼트, 유진투자증권

MD 매출액 및 성장률 추이

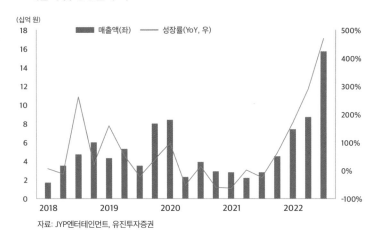

자료: JYP엔터테인먼트, 유진투자증권

JYP엔터테인먼트 주요 아티스트 라인업

데뷔년도	그룹명	소속사	재계약 일자	그룹 구분
2008	2PM	JYP(1본부)	2015, 2018	보이그룹
2015	데이식스	JYP(STUDIO J)	2022	보이그룹
2015	트와이스	JYP(3본부)	2022	걸그룹
2018	스트레이키즈	JYP(1본부)	2025	보이그룹
2019	있지	JYP(2본부)	2026	걸그룹
2020	니쥬	JYP(JYP Japan)	2027	걸그룹
2021	Xdinary Heroes	JYP(STUDIO J)	2028	보이그룹
2022	엔믹스	JYP(4본부)	2029	걸그룹
2023(예정)	한국 보이그룹	JYP	2030	보이그룹
2023(예정)	중국 보이그룹	JYP	2030	보이그룹
2023(예정)	일본 보이그룹	JYP	2030	보이그룹
2023(예정)	미국 걸그룹	JYP	2030	걸그룹

자료: JYP엔터테인먼트, 유진투자증권

와이지엔터테인먼트 122870

아티스트부터 배우까지 총망라하는 종합 엔터테인먼트 기업

YG엔터테인먼트는 음반·음원, 공연, 매니지먼트 사업을 영위하고 있으며 종속회사는 아티스트의 IP를 활용한 다양한 콘텐츠 사업 및 상품 판매 등을 영위하고 있다.

음원의 녹음부터 마스터링에 이르는 전 과정을 소화할 수 있는 자체 제작 시스템In House System 역량을 보유하고 있다는 점이 특징적이다. 소속 아티스트로는 빅뱅, 블랙핑크, 위너, 악뮤, 트레저 등이 있고, 김희애, 차승원, 최지우 등 내로라하는 배우들을 비롯해 중년부터 아역까지 약 30~40명 내외의 폭넓은 배우 라인업을 갖추고 있다. 2022년 3분기 연결 기준 매출(누적) 비중은 상품·제품 42%, 공연 2%, 음악 서비스 20%, 기타 36%다.

사업 부문별 매출 비중(3Q22 기준)

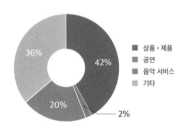

자료: YG엔터테인먼트, 유진투자증권

종목 설명 및 주주 현황

발행 주식 수(천 주)	18,658	90일 일평균거래대금(억 원)	198
52주 최고가(원)	72,800	외국인 지분율(%)	7.9
최저가(원)	39,450	배당수익률(2022E)	0.5
52주 일간 Beta	0.77		

주주 구성(%)			1M	6M	12M
양현석(외 9인)	24.9	주가상승률(%)	6.0	-16.0	-5.5
네이버(외 1인)	8.9	절대수익률(%)	-2.5	-8.9	6.5

주가 그래프

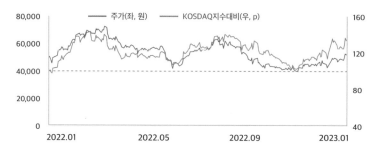

Financial Data

결산기(12월)	2020A	2021A	2022E	2023E	2024E
매출액(십억 원)	255	356	417	508	547
영업이익(십억 원)	6	29	49	68	75
세전계속사업손익(십억 원)	20	39	61	75	82
당기순이익(십억 원)	3	23	48	51	56
EPS(원)	511	361	1,827	2,132	2,342
증감률(%)	흑전	-29.4	406.1	16.7	9.9
PER(배)	87.4	154.3	28.5	24.4	22.2
ROE(%)	2.7	1.8	8.6	9.2	9.3
PBR(배)	2.3	2.7	2.4	2.2	2.0
EV/EBITDA(배)	36.4	23.4	14.4	10.6	9.4

자료: Bloomberg, Google 금융, 유진투자증권

투자 포인트

블랙핑크의 실적 견인

블랙핑크는 정규 2집 앨범 〈BORN PINK〉로 컴백 이후 2023년 상반기까지 약 150만 명 규모의 대규모 월드 투어를 진행하고 있다. 특히 북미에서 처음으로 스타디움에 입성하며 서구권에서의 높아진 팬덤을 증명했다. 완전체 컴백은 아직 예측할 수 없지만, 이미 멤버 지수의 솔로 데뷔가 확정된 상황이기 때문에 2023년 연간으로 블랙핑크의 활발한 활동이 이어지며 탄탄한 실적 성장을 이끌어낼 것으로 전망된다.

트레저의 성장

트레저의 성장에도 주목할 필요가 있다. 총 21만 명 규모의 일본 아레나 투어를 성공적으로 마친 후 처음으로 오사카 교세라 돔에 입성하며 일본에서의 가파른 성장세를 증명하고 있다. 캐시카우 시장인 일본에서 팬덤이 빠르게 확대되며 시장 침투율을 높여가고 있는 점에 주목할 만하다. 이외에도 2023년 상반기 동남아시아 지역에서 9회 공연을 추가하며 아시아 지역으로 활동 저변을 넓혀가고 있다. 공백기가 길었던 만큼 2023년은 활발한 활동을 통해 실적 성장을 견인하길 기대해본다.

빅뱅(지드래곤) 컴백 가능성 및 신인 모멘텀

여전히 불확실성이 큰 상황이기는 하지만, 지드래곤이 컴백할 경우 신보 및 구보 판매뿐 아니라 음원과 콘서트 매출의 큰 폭 성장이 예상된다. 전통적으로 음반보다는 음원에서의 성장이 컸기 때문에 수익성이 좋은 음원 매출의 증가로 실적 개선을 이끌 수 있다. 2023년 상반기 중 데뷔 예정인 신인 걸그룹 베이비몬스터가 공개되며 공백이 많았던 2022년보다는 아티스트 라인업이 풍성해지고 활동이 다양할 것으로 예상한다.

매출액 및 성장률 추이

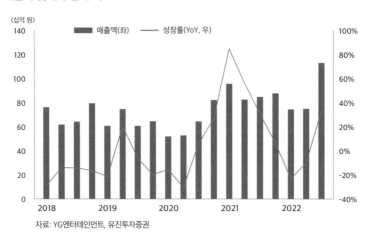

자료: YG엔터테인먼트, 유진투자증권

영업이익 및 성장률 추이

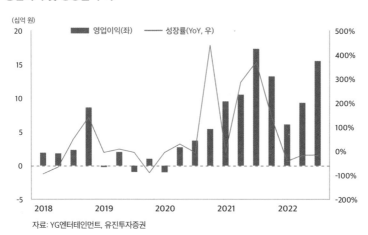

자료: YG엔터테인먼트, 유진투자증권

블랙핑크 앨범 판매량 추이

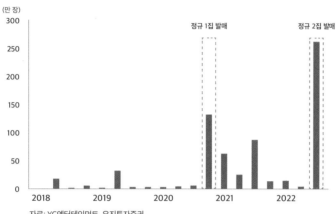

자료: YG엔터테인먼트, 유진투자증권

디지털 콘텐츠 매출액 및 성장률 추이

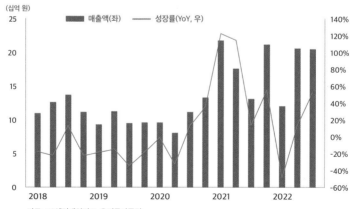

자료: YG엔터테인먼트, 유진투자증권

YG엔터테인먼트 주요 아티스트 라인업

데뷔년도	그룹명	소속사	재계약 일자	그룹 구분
2006	빅뱅(지드래곤)	YG	2013, 2020, 2023	보이그룹
2014	위너	YG	2022	보이그룹
2015	아이콘	YG	계약 만료	보이그룹
2016	블랙핑크	YG	2023	걸그룹
2020	트레저	YG	2027	보이그룹
2023(예정)	베이비몬스터	YG	2030	걸그룹

자료: YG엔터테인먼트, 유진투자증권

큐브엔터 182360

가수, 배우, 예능인을 모두 품고 있는 엔터테인먼트 기업

큐브엔터테인먼트는 ① 음반·음원, 영상 콘텐츠 등을 기획, 제작, 유통하는 음악 및 영상 콘텐츠, ② 공연, 출연 등의 매니지먼트 등 2개의 사업 부문으로 이뤄져 있으며 종속회사는 화장품 유통 사업을 영위하고 있다.

2022년 메타버스 산업 진출을 위해 더 샌드박스의 모회사 애니모카 브랜즈와 합작 법인인 애니큐브엔터테인먼트를 설립하고 본격적으로 NFT 발행 및 토큰 상장, 뮤직 메타버스 구축 사업을 추진하고 있다. 비투비, 펜타곤, (여자)아이들 등 K 팝 아이돌을 비롯해 박미선, 이은지 등 예능인과 배우까지 다양한 영역의 아티스트가 소속돼 있다. 2022년 3분기 연결 기준 매출 비중은 음반·음원 24%, 매니지먼트 11%, 상품 및 기타 65%다.

사업 부문별 매출 비중(3Q22 기준)

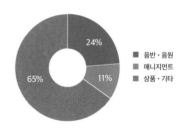

자료: 큐브엔터테인먼트, 유진투자증권

종목 설명 및 주주 현황

발행 주식 수(천 주)	13,805	90일 일평균거래대금(억 원)	74
52주 최고가(원)	25,000	외국인 지분율(%)	4.7
최저가(원)	11,500	배당수익률(2022E)	-
52주 일간 Beta	0.99		

주주 구성(%)			1M	6M	12M
브이티지엠피(외 4인)	50.6	주가상승률(%)	-9.0	31.0	-5.8
한국증권금융(외 1인)	3.8	절대수익률(%)	-14.3	33.7	4.8

주가 그래프

Financial Data

결산기(12월)	2019A	2020A	2021A	2022E	2023E
매출액(십억 원)	29.8	37.5	71.9	115.2	158.9
영업이익(십억 원)	1.0	1.1	1.2	7.0	15.3
세전계속사업손익(십억 원)	1.0	1.1	1.7	7.0	15.4
당기순이익(십억 원)	1.0	0.5	-3.3	5.7	12.0
EPS(원)	37.0	42.0	-	424.0	913.0
증감률(%)	-9.8	13.5	적전	흑전	115.3
PER(배)	110.9	227.1	-	51.3	23.8
ROE(%)	5.8	0.3	-	14.6	21.0
PBR(배)	6.2	3.5	9.7	6.8	5.0
EV/EBITDA(배)	27.1	26.6	61.9	26.3	13.9

자료: Bloomberg, Google 금융, 유진투자증권

투자 포인트

(여자)아이들의 실적 견인

(여자)아이들의 성장세가 가파르다. 2022년 3월 발매한 첫 번째 정규 앨범 〈I NEVER DIE〉의 초동 판매량은 17만 장에 불과했는데, 같은 해 10월에 발매한 미니 앨범 〈I LOVE〉의 초동 판매량이 67만 장을 기록하며 7개월 만에 4배 가까이 상승하는 기염을 토했다. 2022년 첫 번째 월드 투어를 진행하며 성장한 팬덤을 바탕으로 모객 규모를 확대해 2023년 대규모의 월드 투어를 진행할 것으로 예상된다. 또한 2023년 내 최소 두 번의 컴백을 통해 앨범 판매량에서도 극적인 성장세가 지속될 것으로 전망된다.

기대되는 신인 모멘텀

2023년에는 보이그룹, 걸그룹 각각 1팀씩 총 2팀의 신인 아티스트가 데뷔할 예정이다. 특히 보이그룹은 비투비, 펜타곤 이후로 활동이 부재해 약 5년간의 공백이 있었는데, 2023년 데뷔하는 신인 보이그룹을 통해 그 간극을 채울 수 있을 것으로 기대된다. 걸그룹 역시 아직 저연차인 (여자)아이들이 실적을 견인하며 가파르게 성장하고 있지만, 메가 IP에만 의존하지 않고 추가로 수익화할 수 있는 신인 아티스트를 데뷔시키며 매출을 다변화하고 있다는 점에서 긍정적이다.

기업 인사이트

매출액 및 성장률 추이

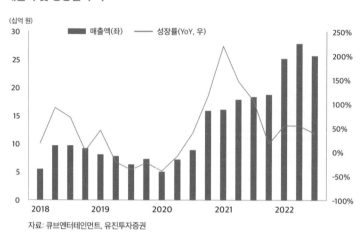

자료: 큐브엔터테인먼트, 유진투자증권

영업이익 및 성장률 추이

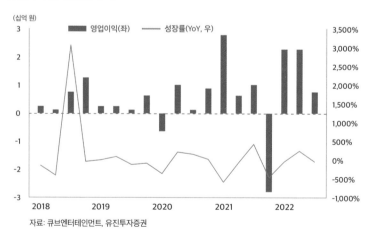

자료: 큐브엔터테인먼트, 유진투자증권

큐브엔터테인먼트 주요 아티스트 라인업

데뷔년도	그룹명	소속사	재계약 일자	그룹 구분
2012	비투비	큐브엔터	2018, 전속 계약	보이그룹
2016	펜타곤	큐브엔터	2023	보이그룹
2018	(여자)아이들	큐브엔터	2026	걸그룹
2021	라잇썸	큐브엔터	2028	걸그룹
2023(예정)	한국 보이그룹	큐브엔터	2030	보이그룹
2023(예정)	한국 걸그룹	큐브엔터	2030	걸그룹

자료: 큐브엔터테인먼트, 유진투자증권

일상을 콘텐츠로 만드는 플랫폼 기업

플랫폼이 성장하기 위해서 콘텐츠가 중요한 것은 맞지만, 결국은 어떤 방식으로 유저 트래픽(Q)을 높이며 인당 결제 금액(P) 혹은 결제 유저의 증가를 유인하는지가 더 중요하다. 경기 침체에 따른 광고 경기 시장의 위축으로 플랫폼 기업의 2023년 전망이 밝지만은 않은 상황이지만, 그중에서도 국내 플랫폼 기업들은 변화의 해를 맞이할 것으로 보인다. 이는 우호적인 외부 환경의 변화가 예상되기 때문이다.

아프리카TV는 경쟁사인 트위치에서 화질 제한, 한국 시장 서비스 중단 등의 이슈가 불거지면서 트위치 스트리머 이적 및 유저 트래픽 확보를 위한 노력이 하나씩 가시화되고 있다. 디어유는 경쟁사인 유니버스의 프라이빗 메시지 사업부를 인수해 아티스트 풀을 확대하며 유저 트래픽을 흡수하고 있다. 모두 트래픽을 먼저 확보한 다음에 추가로 가격 조정을 통해 성장을 이뤄가는 방식인데, 경쟁이 치열한 플랫폼에 있어서 오랜 시간 체류할 유저의 확보가 얼마나 중요한지를 잘 보여준다. 불확실한 외부 환경이 지속되더라도 그 안에서 트래픽과 결제 금액의 상승이 이뤄지는 기업이 있다면, 꾸준히 관심을 가지고 지켜볼 필요가 있다.

아프리카TV 067160

국내 최고의 1인 멀티미디어 플랫폼 기업

아프리카TV는 ① 플랫폼, ② 광고 및 콘텐츠 제작, ③ 멀티 플랫폼 및 기타 등 3개의 사업 부문으로 이뤄져 있다. 1인 미디어 시장을 선도하는 대표적인 플랫폼으로 트래픽의 절반 이상이 게임 영상에서 발생한다. 주로 개인 방송 중심으로 구성됐던 기존의 비즈니스 영역이 이제는 e스포츠 리그 등 자체 제작 콘텐츠부터 동영상VOD, 숏폼 콘텐츠까지 점차 확장되고 있다. 그뿐만 아니라 시청자들이 BJ를 후원하는 서비스인 별풍선, 구독 등의 기부 경제 선물과 기능성 아이템으로 이뤄진 플랫폼 중심 사업에서 최근에는 광고 중심으로 사업 영역이 확대되는 추세다. 2022년 매출 비중은 플랫폼 73%, 광고 26%, 멀티 플랫폼 1%다.

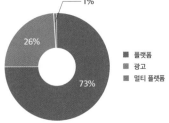

사업 부문별 매출 비중(2022년 기준)

- 1%
- 26%
- 73%

■ 플랫폼
■ 광고
■ 멀티 플랫폼

자료: 아프리카TV, 유진투자증권

종목 설명 및 주주 현황

발행 주식 수(천 주)	11,495	90일 일평균거래대금(억 원)	244
52주 최고가(원)	162,000	외국인 지분율(%)	19.9
최저가(원)	61,100	배당수익률(2022E)	0.8
52주 일간 Beta	1.95		

주주 구성(%)			1M	6M	12M
쎄인트인터내셔널(외 7인)	25.9	주가상승률(%)	17.4	7.7	-36.4
국민연금공단(외 1인)	8.6	절대수익률(%)	8.8	14.8	-24.4

주가 그래프

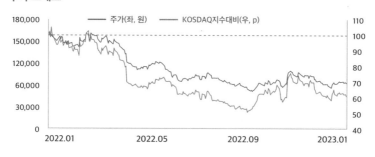

Financial Data

결산기(12월)	2020A	2021A	2022P	2023E	2024E
매출액(십억 원)	197	272	315	352	394
영업이익(십억 원)	50	89	82	90	105
세전계속사업손익(십억 원)	48	89	83	91	107
당기순이익(십억 원)	36	71	60	72	85
EPS(원)	3,184	6,179	5,197	6,304	7,417
증감률(%)	6.5	94.1	-15.9	21.3	17.7
PER(배)	19.0	32.8	17.4	14.4	12.2
ROE(%)	27.6	39.9	26.2	26.1	24.5
PBR(배)	4.7	11.1	4.2	3.4	2.7
EV/EBITDA(배)	9.6	21.5	9.1	7.7	6.0

자료: Bloomberg, Google 금융, 유진투자증권

투자 포인트

트위치 스트리머 이적 기대

2022년 9월 트위치의 화질 제한, VOD(다시보기) 기능 중단 등 다양한 이슈가 불거지며 아프리카TV가 반사 수혜를 받고 있는 상황에서 2023년은 트위치로부터 트래픽을 확보하기 위한 노력이 가시화될 것으로 기대된다.

고사양의 게임을 플레이하는 스트리머들에게 화질은 가장 중요한 요인 중 하나인데, 트위치는 최고 화질이 720p인 반면 아프리카TV는 2023년부터 최고 화질 해상도를 1440p까지 올릴 계획을 밝히며 유저 트래픽 확보에 힘쓰고 있다. 아프리카TV 플랫폼에 게임 영상을 보러 오는 유저가 전체의 60% 정도를 차지할 정도로 게임 방송의 비중이 큰 만큼, 화질 개선을 통한 유의미한 트래픽 반등이 이어질 것으로 보인다.

특히 2023년 1월 18일에 개막해 4월까지 진행되는 e스포츠 '2023 LCK(리그 오브 레전드 챔피언십 코리아) 스프링 시즌' 국문 중계를 트위치에서 볼 수 없게 되면서 아프리카TV의 반사 수혜가 예상되며, 개인화된 UI/UX 개편을 통해 유저 체류 시간 및 트래픽 확대를 기대해본다.

다만 구글 인앱 결제 정책 변경으로 인한 결제 고객 하락이 지속되고 있는 점은 고려할 부분이다. 안드로이드 결제 유저의 90%가 다른 플랫폼으로 우회 결제하며 아프리카TV에 대한 높은 충성도를 보이기는 했으나, 단기간 결제 유저 반등을 기대하기는 쉽지 않은 상황이다. 아직 불확실성이 크기는 하지만, 트위치의 한국 서비스 축소가 지속됨에 따라 결국에는 트위치 스트리머 이적이 이어지며 또 한 번의 리레이팅을 이끌 것으로 기대된다.

광고 매출의 지속 성장

플랫폼의 성장 둔화에도 불구하고 광고 매출이 지속해서 늘어나고 있는 점은 긍정적이다. 배너, 영상, 검색 등의 플랫폼 광고의 성장과 더불어 온오프라인 형태로 같이 진행되는 콘텐츠형 광고의 고성장이 이어지며, 2023년에도 연간 30% 수준의 성장은 충분히 달성할 수 있을 것으로 전망된다. 광고 시장의 전반적인 침체 상황이 계속 이어지고 있지만 아프리카TV가 효율이 높은 광고 플랫폼으로 자리 잡음에 따라 광고 매출의 상승이 이어지며 지속 가능한 성장을 견인할 것으로 보인다.

새로운 수익 모델 도입 및 해외 진출

현재 제공하고 있는 쇼핑 서비스인 '샵프리카'를 라이브커머스 중심으로 개편하며 사업을 확장해나갈 것으로 보인다. 외부 제품을 입점시켜 판매 여부에 따라 수수료를 받았던 이전의 수익 모델과는 달리, 직접 제품을 기획·개발하고 콘텐츠나 BJ를 통해 제품을 직접 판매하는 형태의 새로운 수익 모델이 도입될 예정이다. 이외에도 2023년 상반기 베트남을 시작으로 태국, 일본과 같은 전략 지역들로 해외 진출이 가시화되며 외형적으로도 성장할 것으로 기대된다.

기업 인사이트

매출액 및 성장률 추이

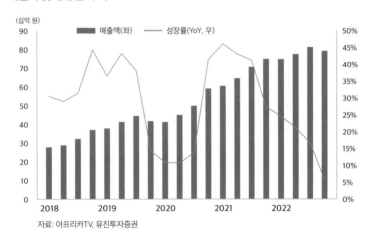

자료: 아프리카TV, 유진투자증권

영업이익 및 성장률 추이

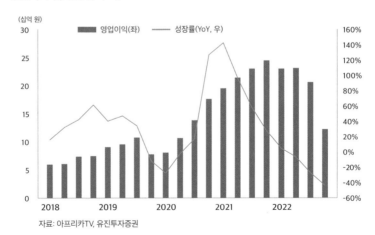

자료: 아프리카TV, 유진투자증권

월간 순 방문자 수MUV 추이

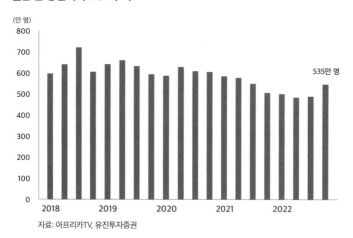

(만 명)

535만 명

자료: 아프리카TV, 유진투자증권

광고 매출액 및 성장률 추이

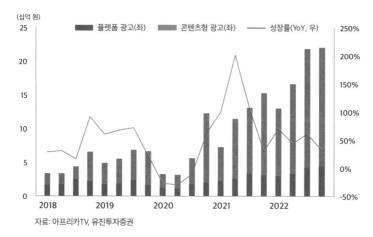

(십억 원)

■ 플랫폼 광고(좌)　■ 콘텐츠형 광고(좌)　── 성장률(YoY, 우)

자료: 아프리카TV, 유진투자증권

디어유 376300

팬 플랫폼의 수익화를 이끈 장본인

디어유는 아티스트와 프라이빗 메시지로 소통하는 서비스인 버블을 운영하며 팬 플랫폼 사업을 영위하고 있다. 정기 구독 서비스 과금 방식을 사용하고 있으며 아티스트 외에도 스포츠 스타, 크리에이터, 인플루언서, 배우 등으로 포트폴리오를 확대 중이다. 플랫폼 서비스도 단순 메시지뿐 아니라 실시간 라이브 기능과 디지털 아이템 구매가 가능한 디지털 스토어를 오픈하며 사업 영역을 확장하고 있다. 2023년 1월 팬 플랫폼인 유니버스의 프라이빗 메시지 사업부를 인수하며 위버스와 함께 팬 플랫폼의 양강 구도를 이루게 됐으며, 중국 내 안드로이드 유저를 위한 간편 결제 도입 및 일본 최대 규모의 팬덤 서비스 기업과 합작 법인 신규 설립 등을 통해 글로벌 팬 플랫폼으로 성장하고 있다.

2022년 기준 이용자의 국가별 비중은 중국 36%, 한국 22%, 일본 14%, 미국 9% 순이다.

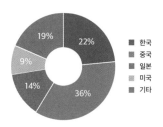

이용자 국가별 비중(2022년 기준)

- 한국
- 중국
- 일본
- 미국
- 기타

자료: 디어유, 유진투자증권

종목 설명 및 주주 현황

발행 주식 수(천 주)	23,603	90일 일평균거래대금(억 원)	208
52주 최고가(원)	62,500	외국인 지분율(%)	1.9
최저가(원)	22,650	배당수익률(2022E)	-
52주 일간 Beta	1.70		

주주 구성(%)			1M	6M	12M
에스엠스튜디오스(외 4인)	35.6	주가상승률(%)	34.5	27.5	4.4
제이와이피엔터테인먼트(외 7인)	19.1	절대수익률(%)	25.9	34.6	16.4

주가 그래프

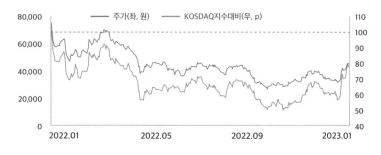

Financial Data

결산기(12월)	2020A	2021A	2022E	2023E	2024E
매출액(십억 원)	13.0	40.0	49.3	86.0	121.2
영업이익(십억 원)	-0.5	13.2	16.6	33.4	48.5
세전계속사업손익(십억 원)	-1.3	-24.4	25.0	42.9	51.7
당기순이익(십억 원)	-2.2	-25.2	21.5	32.2	43.5
EPS(원)	-	-	944.8	1,496.0	1,934.0
증감률(%)	-	-	흑전	58.3	29.3
PER(배)	-	-	49.8	31.4	24.3
ROE(%)	-	-	16.0	20.0	21.8
PBR(배)	-	-	7.6	6.2	5.0
EV/EBITDA(배)	-	-	53.9	26.9	19.5

자료: Bloomberg, Google 금융, 유진투자증권

투자 포인트

안정적인 구독 플랫폼

2022년 말 기준 월간 활성 이용자 수는 약 170만 명을 상회한 것으로 파악되며 구독 유지율은 90% 이상으로 안정적인 매출이 발생하고 있다. 앱 마켓 수수료 및 엔터 기획사 지급 수수료가 고정적으로 발생하는 상황에서 신규 서비스 론칭을 위한 서버 구축 등의 비용 부담이 존재하지만, 이를 상쇄할 만큼 외형이 성장하며 분기 30%대의 높은 영업이익률을 기록하고 있는 점도 주목할 만하다.

경쟁력 있는 아티스트 보유

지속 가능한 매출이 발생하기 위해서는 경쟁력 있는 IP의 확보가 중요한데, 디어유는 SM과 JYP의 아티스트가 입점해있어 팬덤 확장에 따른 수혜를 같이 누릴 수 있다는 장점이 있다. 팬데믹 기간에는 팬 플랫폼이 아티스트와 직접 소통을 할 수 있는 창구로 작용했다면, 엔데믹 시대에는 오프라인 콘서트가 활발히 진행됨에 따른 새로운 팬덤 확보를 기대할 수 있다. 특히 최근에는 콘서트의 회당 모객 규모가 확대되고 있고, 아시아를 중심으로 진행된 공연이 미국, 유럽으로 확대되면서 글로벌 시장에 더 빠르게 진출하고 있기 때문에 다양한 지역의 팬덤 확보에 유리하다.

2023년 1월, 유니버스의 프라이빗 메시지 사업을 인수하는 자산 양수도 계약을 체결해 아이브, 몬스타엑스, 우주소녀 등 스타쉽엔터테인먼트 소속 아티스트를 확보하며 경쟁력 있는 라인업을 갖추게 됐다. 이외에도 2023년 중으로 아티스트 라이브 영상을 시청할 수 있는 신규 서비스를 출시하고 별도의 유료 상품 판매를 통해 새로운 수익 모델을 도입할 예정으로 실적 성장세 역시 지속될 것으로 전망된다.

다채로운 포트폴리오 확장

디어유의 주요 고객인 SM과 JYP 소속 아티스트가 2023년 일본과 미국에서 활발한 활동을 준비하고 있고 해당 지역에서 신인 아티스트 데뷔를 계획하고 있기 때문에, 일본과 미국의 이용자 비중이 올라오며 트래픽이 상승할 것으로 기대된다. 디어유 자체적으로도 일본, 미국 아티스트 영입을 준비함에 따라 지속적인 성장세가 이어질 것으로 전망된다. 특히 2023년 상반기 중으로 일본 최대 규모의 팬덤 서비스 기업인 엠업홀딩스m-up holdings와 합작 법인 신규 설립을 통해 일본 현지 아티스트 IP를 활용한 다양한 서비스를 제공할 것으로 예상되며, 중국 안드로이드 유저를 위한 간편 결제 서비스를 오픈함에 따라 시장 확장에 따른 수혜가 기대된다.

기업 인사이트

매출액 및 성장률 추이

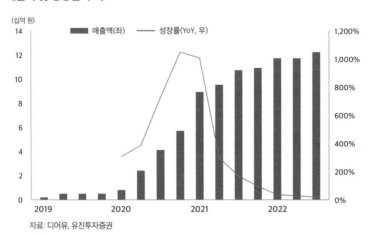

자료: 디어유, 유진투자증권

영업이익 및 성장률 추이

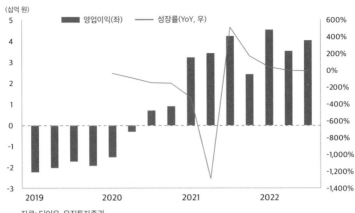

자료: 디어유, 유진투자증권

버블 MAU 추이

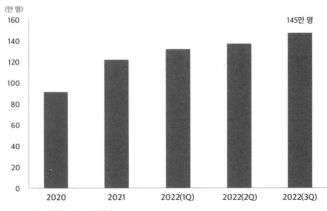

자료: 디어유, 유진투자증권

더 리얼하게!
상상이 곧 현실이 되는 기술 기업

드라마도, 영화도 점점 스케일이 커지고 있다. 대작이 많아질수록 고퀄리티의 시각 효과에 대한 수요가 높아질 수밖에 없고 이는 자연스럽게 VFX 시장의 성장을 이끌었다. VFX 산업은 2D에서 3D, 리얼타임 3D로 발전해왔는데, 최근 VFX 기업들이 영상 VFX를 넘어 가장 관심을 두고 투자하는 분야는 바로 실감형 콘텐츠다.

문화체육관광부에 따르면 2022년 국내 실감형 콘텐츠 시장 규모는 12조 원에 달하며, 글로벌 컨설팅 기업 PwC는 2025년 메타버스 산업의 글로벌 시장 규모가 약 568조 원에 달할 것이라고 전망하고 있다. 실감형 콘텐츠란 ICT 기술을 기반으로 실제와 유사한 경험을 제공하는 차세대 콘텐츠를 의미하는데, 여기에는 가상현실VR, 증강현실AR, 혼합현실MR이 모두 포함된다. 실감형 콘텐츠 시장에서 미래 먹거리를 확보하기 위해 VFX 기업들은 버추얼 휴먼, 버추얼 스튜디오 등의 신규 사업을 준비하고 있다. 2023년은 신규 사업이 하나씩 가시화됨에 따른 실적 성장이 예상되며 글로벌 IT 기업의 AR · XR 디바이스 출시에 따른 산업 성장도 기대해볼 만하다.

국내 No.1 VFX 및 리얼타임 실감형 콘텐츠 사업자

자이언트스텝은 ① 광고 VFX, ② 영상 VFX, ③ 리얼타임 콘텐츠 제작을 주요 사업으로 영위하고 있다. 컴퓨터 그래픽 기술 기반의 VFX 회사에서 리얼타임 기반의 실감형 영상 콘텐츠를 제작하는 크리에이티브 테크 기업으로 사업 영역을 확장하고 있으며, 2018년부터는 광고, 영화, 드라마 VFX 외에도 실감형 버추얼 캐릭터 제작을 통해 빈센트, 지아, 코리, 브리 등 자체 버추얼 셀러브리티 IP를 개발하며 본격적인 상업화에 박차를 가하고 있다. 2022년 3분기 기준 매출 비중은 광고 및 영상 VFX, 리얼타임 콘텐츠가 93%, 기타 7%다.

사업 부문별 매출 비중(3Q22 기준)

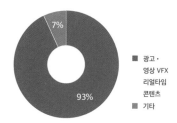

- 광고·영상 VFX 리얼타임 콘텐츠
- 기타

7%

93%

자료: 자이언트스텝, 유진투자증권

종목 설명 및 주주 현황

발행 주식 수(천 주)	22,122	90일 일평균거래대금(억 원)	148
52주 최고가(원)	52,800	외국인 지분율(%)	2.2
최저가(원)	15,100	배당수익률(2022E)	-
52주 일간 Beta	2.05		

주주 구성(%)			1M	6M	12M
하승봉(외 15인)	44.1	주가상승률(%)	27.7	-13.0	-48.4
자이언트스텝우리사주(외 1인)	2.8	절대수익률(%)	19.2	-5.9	-36.4

주가 그래프

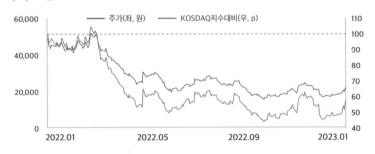

Financial Data

결산기(12월)	2020A	2021A	2022E	2023E	2024E
매출액(십억 원)	22.0	35.0	44.0	53.0	66.0
영업이익(십억 원)	-2.0	4.0	8.0	12.0	16.0
세전계속사업손익(십억 원)	-1.0	4.0	8.0	12.0	15.0
당기순이익(십억 원)	-2.0	4.0	8.0	10.0	14.0
EPS(원)		441.0	812.0	1,093.0	1,320.0
증감률(%)	적전	흑전	84.2	34.6	20.8
PER(배)	-	86.3	28.9	21.5	17.8
ROE(%)	-	28.3	27.0	27.6	25.6
PBR(배)	54.4	14.7	6.9	5.2	4.0
EV/EBITDA(배)	384.1	52.1	49.0	33.2	26.1

자료: Bloomberg, Google 금융, 유진투자증권

투자 포인트

VFX 사업의 안정적 성장

경기 침체 우려에도 불구하고 콘텐츠 제작 관련 VFX 수주는 꾸준히 유지되고 있다. 안정적으로 실적을 견인하는 가운데, 영화 사업부 확대에 따라 2023년은 4편 이상의 영화 제작으로 외형 성장이 기대된다.

리얼타임 콘텐츠의 고성장 기대

2023년은 리얼타임 엔진을 활용한 실시간 실감형 콘텐츠가 본격적으로 가시화되며 고성장이 이어질 것으로 전망된다. 이미 공개된 버추얼 휴먼 한유아(스마일게이트 협업), 이솔(네이버 협업), 자체 버추얼 휴먼 코리와 브리 외에도 신규 버추얼 휴먼을 지속해서 확대할 것으로 보인다. 2022년부터 본격적으로 버추얼 스튜디오를 확장함에 따라 자이언트스텝이 보유한 버추얼 휴먼 포트폴리오 경쟁력이 강화될 것으로 기대되며, 독보적인 기술력을 바탕으로 다양한 분야에서 IP를 활용해 하반기부터는 본격적인 매출 성장을 이룰 수 있을 것으로 전망된다.

이외에도 2023년부터 수익성이 높은 미디어 아트 전시가 시작되며 실적 상승에 기여할 예정이다. 향후 XR·AR 등 하드웨어 기기가 상용화됨에 따라 시장 성장의 업사이드(상승 여력)가 열려있는 점 역시 긍정적이다.

기업 인사이트

매출액 및 성장률 추이

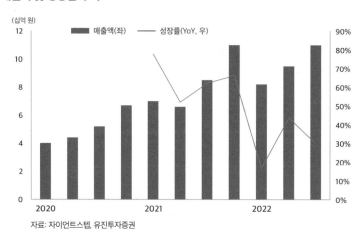

자료: 자이언트스텝, 유진투자증권

영업이익 및 성장률 추이

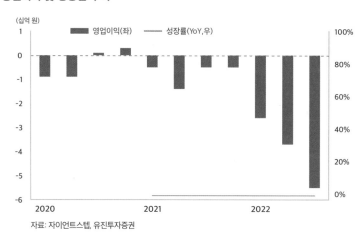

자료: 자이언트스텝, 유진투자증권

다양한 버추얼 휴먼 포트폴리오

자료: 자이언트스텝

수익성 높은 미디어 아트 전시

자료: 자이언트스텝

여러 기업을 한 번에?
ETF가 답!

엔터 산업에 관심은 많은데 개별 종목 단위로 넘어가면 투자하기 부담스러워 망설였던 경험이 있을 것이다. 분명 영업 환경도 좋고 실적도 꾸준히 성장하고 있지만, 투자하기에 밸류에이션이 부담된다거나 주가에 영향을 끼치는 다양한 이슈들을 빠르게 따라잡기 어렵다는 이유로 엔터 산업은 투자하기에 까다로운 분야라고 생각할 수도 있다.

이렇게 개별 종목에 대한 판단이 명확하게 서지 않을 때는 엔터 산업 자체에 투자하는 ETF가 또 다른 대안이 될 수 있다. 개별 종목보다도 산업 전체의 성장성이 크게 와닿는다면 ETF 투자를 통해 산업 성장 수혜를 오롯이 누릴 수 있다. 또한 ETF에는 분산투자 효과가 있기 때문에 상대적으로 대내외이슈에 민감하게 반응하는 엔터 산업에 안정적으로 투자할 수 있다는 장점이 있다.

현재 국내에 상장된 엔터 산업 관련 ETF는 4개로, 미래에셋자산운용의 'TIGER 미디어컨텐츠', 삼성자산운용의 'KODEX 미디어&엔터테인먼트'와 'KODEX Fn 웹툰&드라마', NH아문디자산운용의 'HANARO Fn K-POP&미디어'가 있다. 하나의 테마 안에서도 포트폴리오를 구성하는 방식에 따라 ETF의 수익률이 다르기 때문에 기초지수, 편입종목, 편입비중 등을 꼼꼼히 살펴봐야 하며 운용 보수나 투자 위험도 등을 미리 확인한 후에 나의 목적에 맞는 상품에 투자하는 것이 바람직하다.

엔터 ETF의 대장주

TIGER 미디어컨텐츠 ETF는 주요 4대 엔터 기획사와 드라마 제작사를 비롯해 엔터 산업 전반을 아우르는 종목으로 구성돼 있다. 총운용보수는 0.5%로 상장 미디어 ETF 중 가장 높다.

ETF 인사이트

ETF 개요

티커	228810 KS EQUITY
상장일	2015.10.07
운용사명	미래에셋자산운용
총보수율(%)	0.5
기초지수	WISE 미디어컨텐츠 Index
주당가격(원)	7,590
보유종목 수	24
시가총액(십억 원)	117.9

자료: 유진투자증권   2023.02.13 종가 기준

상위 구성 종목 및 비중

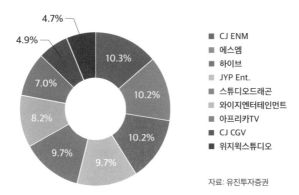

- 4.7%
- 4.9%
- 7.0%
- 8.2%
- 9.7%
- 9.7%
- 10.2%
- 10.2%
- 10.3%

■ CJ ENM
■ 에스엠
■ 하이브
■ JYP Ent.
■ 스튜디오드래곤
■ 와이지엔터테인먼트
■ 아프리카TV
■ CJ CGV
■ 위지윅스튜디오

자료: 유진투자증권

주가 추이

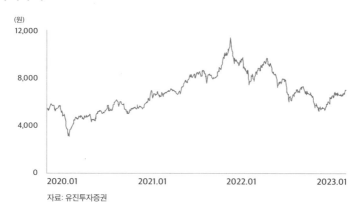

자료: 유진투자증권

KODEX 미디어&엔터테인먼트 266360

인터넷 플랫폼과 게임 중심의 ETF

KODEX 미디어&엔터테인먼트 ETF는 인터넷 플랫폼과 게임사의 비중이 높아, 엔터 산업보다는 플랫폼 산업 전반을 아우르는 종목 중심으로 구성돼 있다. 총운용보수는 0.45%다.

ETF 인사이트

ETF 개요

티커	266360 KS EQUITY
상장일	2017.03.28
운용사명	삼성자산운용
총보수율(%)	0.45
기초지수	KRX 미디어&엔터테인먼트
주당 가격(원)	13,975
보유종목 수	30
시가총액(십억 원)	28.0

자료: 유진투자증권 · 2023.02.13 종가 기준

상위 구성 종목 및 비중

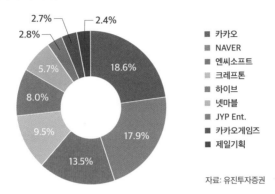

- 카카오
- NAVER
- 엔씨소프트
- 크레프톤
- 하이브
- 넷마블
- JYP Ent.
- 카카오게임즈
- 제일기획

자료: 유진투자증권

주가 추이

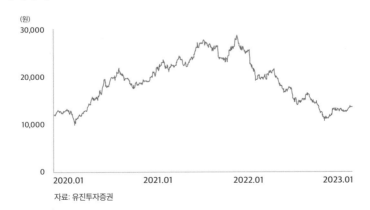

자료: 유진투자증권

KODEX Fn웹툰&드라마 395150

드라마 제작사와 VFX사 중심의 ETF

KODEX Fn웹툰&드라마 ETF는 드라마 제작사와 인터넷 플랫폼 기업, VFX사 중심으로 종목이 구성돼 있다. 드라마 제작사는 대형사부터 중소형사까지 모두 아우르고 있는 반면, 엔터 기획사는 없기 때문에 보다 세밀한 분야의 영상 콘텐츠 산업 중심으로 투자하고 있다고 볼 수 있다. 총운용보수는 0.45%다.

ETF 인사이트

ETF 개요

티커	395150 KS EQUITY
상장일	2021.07.30
운용사명	삼성자산운용
총보수율(%)	0.45
기초지수	FnGuide 웹툰&드라마 지수
주당 가격(원)	5,865
보유종목 수	20
시가총액(십억 원)	10.0

자료: 유진투자증권   2023.02.13 종가 기준

상위 구성 종목 및 비중

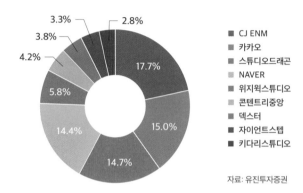

- 3.3%
- 2.8%
- 3.8%
- 4.2%
- 17.7%
- 5.8%
- 15.0%
- 14.4%
- 14.7%

■ CJ ENM
■ 카카오
■ 스튜디오드래곤
■ NAVER
■ 위지윅스튜디오
■ 콘텐트리중앙
■ 덱스터
■ 자이언트스텝
■ 키다리스튜디오

자료: 유진투자증권

주가 추이

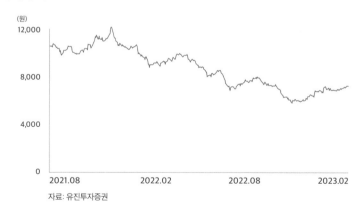

(원)

12,000

8,000

4,000

0

2021.08　　　　2022.02　　　　2022.08　　　　2023.02

자료: 유진투자증권

드라마 제작사보다는 엔터 기획사 중심의 ETF

HANARO Fn K-POP&미디어 ETF는 주요 4대 엔터 기획사와 드라마 제작사가 고루 포함돼 있으나, 엔터 기획사의 비중이 월등히 높아 미디어보다는 엔터 기획사를 중심으로 종목이 구성됐다고 볼 수 있다. 총운용보수는 0.45%다.

ETF 인사이트

ETF 개요

티커	395290 KS EQUITY
상장일	2021.07.30
운용사명	NH아문디자산운용
총보수율(%)	0.45
기초지수	FnGuide K-POP&미디어 지수
주당 가격(원)	8,920
보유종목 수	21
시가총액(십억 원)	21.4

자료: 유진투자증권   2023.02.13 종가 기준

상위 구성 종목 및 비중

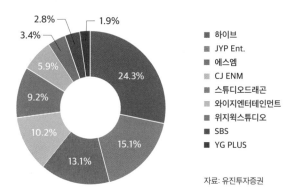

2.8%
1.9%
3.4%
5.9%
24.3%
9.2%
10.2%
13.1%
15.1%

- ■ 하이브
- ■ JYP Ent.
- ■ 에스엠
- ■ CJ ENM
- ■ 스튜디오드래곤
- ■ 와이지엔터테인먼트
- ■ 위지윅스튜디오
- ■ SBS
- ■ YG PLUS

자료: 유진투자증권

주가 추이

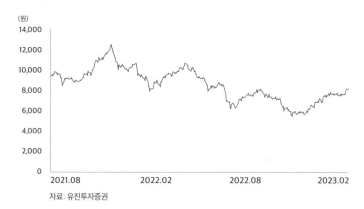

자료: 유진투자증권

좋아하면 투자해! 미디어·연예·콘텐츠주 완벽 분석

엔터주 머니전략

초판 1쇄 발행 2023년 03월 21일

지은이 이현지
펴낸이 성의현
펴낸곳 (주)미래의창

책임편집 안대근
홍보 및 마케팅 연상희·이보경·정해준·김세인

출판 신고 2019년 10월 28일 제2019-000291호
주소 서울시 마포구 잔다리로 62-1 미래의창빌딩(서교동 376-15, 5층)
전화 070-8693-1719 **팩스** 0507-1301-1585
홈페이지 www.miraebook.co.kr
ISBN 979-11-92519-45-6 03320

※ 책값은 뒤표지에 있습니다.